教育哲學

一個美學提案

林逢祺　著

五南圖書出版公司 印行

敬獻給吾師　賈馥茗先生

序

條條大路通羅馬，但由不同道路探訪羅馬，羅馬便呈現不同風景。臺灣教育哲學的探究路徑，大致傾向兩個主要軌道：一是主義的鋪陳，此一路徑的價值是可以看出教育思潮的大趨勢和「時代性」，其不足則是較難見及教育活動中的「個人」（包括學生和教師）；另一主流是側重傳統哲學領域，亦即集中在探索與形上學、知識論及倫理學等三大哲學基礎相關的教育議題，其優勢是能以理性、邏輯的形式，客觀地呈顯、分析教育的内涵和方法，然其限制是較爲忽略眞實教學活動中，師與生的知覺感受層面。質言之，前述臺灣教育哲學著重「主義」和「傳統哲學領域」的研究路徑中，「個人」在教育歷程裡的知覺感受面向總是被冷落的，也就是強調主體經驗的教育美學是缺席的、隱形的。

本書從知覺、遊戲、想像、表現、詩性和孤獨等六大主題來凝思教育的根本問題，可看作是對臺灣教育哲學研究提出的一個美學提案。凡是對「有感教學」、「教學遊戲結構」、「教育的想像潛能」、「教學表現原理」、「詩性教學」和「教育的本質回歸」等主題有興趣的讀者，或許都能從本書中尋得一些有價值的對話與交流。

我一向欣賞黃郁棠仁棣的攝影作品。爲了強化本書的知覺線索，特別邀請郁棠根據本書文本提供相應的圖像作品和旁白。這些作品可以視之爲獨立文本，亦可看作是本書的另一版本。無論如何，若能因此擴大、深化讀者的閱讀感受，這樣的安排和努力便是值得。

　　這本書原來是和賈師馥茗先生約定好要合寫的，吾師辭世七年之後，我才初步完成自己想寫的部分，內心感到無比愧疚。不過我想先生還是會樂於知道我終於寫成了。希望本書能對先生關心的教育哲學四大議題：「爲什麼要教？」「教什麼？」「誰來教？」及「怎樣教？」，提供一些有意義的補充。

林逢祺 謹誌於童心齋
2015年6月1日

目 錄 Contents

第一章

知覺優先論

教學歷程中的「覺得」和「懂得」

前言：Neill的待答問題

A. S. Neill（1883-1973）在其名著《夏山學校》（*Summerhill*）中，提出一個重要觀察：大學生滿腹無用知識，能言善道，引經據典，但對生命卻和嬰兒一樣無知。Neill認為（1968, p.38），這是因爲教育「只教導他們**認知**（*to know*），而不允許他們**感覺**（*to feel*）。」Neill接著說：大學生所受的教育是使知識和情感分離的教育，其代價不僅是他們缺乏了情感的因素，同時也失去「使思維聽從感覺的能力」（the power to subordinate thinking to feeling）。

長久以來，教育都教導或要求人學會「使感覺聽從思維」（目前這種觀念和作爲似乎依舊盛行），爲何Neill在此卻主張「使思維聽從感覺」？

首先，Neill顯然認爲豐富的感覺是認識生命的核心元素。一般學生由於只被要求讀書、只受Neill所謂「頸子以上」（above the neck）的「腦子」（the head）教育，感覺方面的生活極爲不足，對

於生命的體悟也就極為欠缺，嚴重者，甚至出現精神失調的症狀。這是知性與感性二分的惡果（陳伯璋，2003）。誠如Neill所言：「博學的神經病患和了無學問的精神病人，並無差別。」（Neill, 1968, p.38）然而Neill並不只是主張感覺重要或者感覺應與思維並重，他強調「使思維聽從感覺」。至於，為何思維該聽從感覺，Neill在書中並未明白論證，因而這個問題也就成了Neill在《夏山學校》中遺留下來的待答問題。

　　Neill在此所謂「感覺」，事實上包含知覺，以及由知覺而引發的情感。因此他「使思維聽從感覺」的主張，很重要的一部分便是意指「使思維聽從知覺」。本章的目的，乃在交互運用個人生命史的事件[1]和M. Merleau-Ponty（1908-1961）的知覺現象學，說明「為何思維應當聽從知覺」，並闡釋其在教學上蘊含的意義。

　　以下先說明注重「知覺聽從思維」的「腦子」教育，在東西方社會普遍盛行的理由，及其造成的後果。

---

[1] M. Morris認為（Morris, 2008, p.187）：純理論的撰述而不涉及自身經歷的探索，是較為簡單的論文，因為這種文章不必處理自己遭遇的問題；可是寫作的意義應在處理自己面對的真實問題，並和讀者分享這些問題。雖然Morris觀察到有些保守的研究者對這種陳述個人思維的論文頗不以為然，但他認為這種觀念和態度是荒謬的。本論文的撰寫，也用了個人生命史中遭遇的一些問題和經歷來彰顯論旨，因此，可以說和Morris有相近的寫作觀。

身心分離的學校教育

在許多人心中，身體只是臭皮囊，只算工具，絕非目的本身。因此對這些人來說，不認識身體，不算太大問題；不認識心靈，才是嚴重危機。遺憾的是，我們的學校大多拿這種意識型態來辦學，製造了身心分離的學校教育。

於是，每當我們通過校門，進入校園，就開始了一天的身心分離。我們在學校裡有幾天，就有幾天這樣的待遇！

校門口有個分離機制，當我們通過時，大腦進入校園，身體留在外邊。放學後，身心才又重逢。

有的人從求學起，身和心分居久了，漸漸適應身心各過各的，眨眼間，一生也就過了。若要問他身心相遇不相識有無遺憾，恐怕只有徒增惘然。

在眞實生活裡，我們的身體從來沒被學校衷心歡迎過，甚至是

「隱晦的，不可說、不可談的」議題（歐用生，2010，頁123）。號稱是爲了身體健康的體育課，關心的其實不是身體，而是技藝；美術、音樂課裡，我們視聽兩覺的開啓，爲的經常是測驗成績，而非身體官能的美好記憶[2]；「主流」學科的運作，是堂皇的大腦建設工程，完全漠視身體，則是天經地義。這也是爲什麼黃武雄（2003，頁295）認爲：「學生在學校裡讀了十幾年書，心智沒有變得比較成熟，反而越與眞實世界隔閡。」而忽視知覺經驗還有一個連帶結果：教學呆板無趣。少有教師瞭解到教學時，運用自己身體所展現的姿態、表情、眼神、語調、用詞等，能如何強大地影響學生的學習感受和成果（Zembylas, 2007, p.63）。目前學校教室裡仍不難見到歐陽教（1973）所謂「大青蛙」（教師）帶領「小青蛙」（學生）的「蛙教書」景象：

> ……假如學校裡全部教與學的活動，都只於此，一定要「大青蛙」高踞堂上「咯」一聲，堂下小青蛙才「咯」一聲；大者「咯、咯、咯」，小者也才「咯、咯、咯」，那麼，這種教育不辦也罷！

其實身體和知覺在人類文化史裡，一直沒有取得應有的地位，因

---

[2] 到今天我們國中學生的美術測驗，還存在這樣純記憶的填充考題：「盛唐畫家＿＿以工整細潤而華麗的手法，彩繪出大唐風光，是稱＿＿。」（李思訓、金碧山水）（參見陳雅慧，2010）

此其在學校裡被拒斥，似乎是其來有自。

在西方，Plato（428-347 B.C.）早已判定能運用抽象理性，把握完美觀念（或理型）者，是會用腦的「金質」的人；相對的，受限於身體官能或欲求者，經常為幻象所惑，是「銀質」甚或是「鐵質」的人，須受金質的人約束與領導[3]。到了R. Descartes（1596-1650），身心二元論大受提倡，認為絕對確定之知識來自理性，至於身體、知覺或感官經驗，仍被視為錯誤認知之源。Plato和Descartes關切的都是真知的獲得。Plato認為理解抽象觀念的人，是走出認知的黑暗洞穴，見到「陽光」普照之真實世界的人。然而，這樣的人，究竟是走出或是走入洞穴呢？Descartes從「我思，故我在」的靈感中，悟出只有透過思維，才能找到明確的知識基礎。但「我思」是否可以證明「我在」，並非毫無疑問（參見Blackburn, 1999），即便可以，除了證明「我在」，單憑「我思」，能證明外在世界的什麼東西呢？

在東方的華人思想傳統裡，身體和知覺地位之低落，較之西方，實有過之而無不及（雖然華人先哲貶抑身體的動機中，道德的用意似乎多於知識的目的，而西哲則反是）。老子說：「五色令人目盲，五音令人耳聾，五味令人口爽，馳騁畋獵令人心發狂……。」（老子，第十二章）其對身體官能的滿足，勸戒之心至為明顯。孔子也經常把不求身體享樂，視為賢能君子的指標。比如他讚美顏淵說：

3　F. W. Nietzsche（1844-1900）在《查拉圖斯特拉如是說》（*Thus spake Zarathus-tra*）一書中曾大力批評Plato輕蔑肉體的態度。

「賢哉，回也！一簞食，一瓢飲，在陋巷，人不堪其憂，回也不改其樂。賢哉，回也！」（雍也，第九章）又說：「飯疏食，飲水，曲肱而枕之，樂亦在其中矣……。」（述而，第十五章）孔子雖然不是極端反對官能享受的人，但是對身體或知覺的滿足，還是站在比較戒慎防備的立場，這個基調和老子思想近似，連帶地也使得受到儒、道二家影響的後人，對身體官能的價值傾向懷疑態度。如果我們細細審視兩位哲人的說法，不難發現其中存在一些值得斟酌的問題。老子主張五色、五音、五味應避免，以防知覺失常，但保持知覺敏銳的目的是為何呢？難道不是為了敏銳地感受天地所賜予的五色、五音、五味嗎？孔子能樂在「疏食、飲水、曲肱而枕」的生活，固為可貴，但這種修為，應是受教後的終點成就，而非起點行為；若錯把恬淡視為受教的起點，恐怕只會過度打壓身體或感性知覺。

無論如何，東、西方的主流思想傳統，都認為理性才是得「道」（理型、真理、普遍概念）之根據，應居於領導和優先地位，而傾向於將知覺官能視為迷惑之源，應由理性導正、節制。這種傳統不僅使知覺和身體一直處於附從地位，也使知識的教學得不到牢靠根基。

身心二者的優先性問題

概念的確定性並非知覺之確定性的根基，相反的，是概念的確定性建基在知覺的確定性上。

（Merleau-Ponty, 1964, p.13）

在Plato主義的影響下，我們的教育傾向以概念的傳遞爲優先，教科書裡充滿「風乾了的」抽象概念，而絕大多數教育者的潛意識也滿以爲那些「風乾了的」，即便沒有滋味，也絕對正確，可以保久，甚至永恆。他們教導孩子拿這些絕對概念來衡量或判定自己當下「鮮活」知覺的有效性和價值性。影響所及，生命力孱弱的孩子，遇到概念與知覺相左時，不假思索地放棄知覺，接受概念的招降；生命力頑強的，敢用知覺透視概念之稚幼、虛空、貧血、虛僞；對於他們，身體知覺永遠先於概念理解。在此我們看到兩種完全不同的生命情態：後者不學而能地以尼采式（Nietzschian）的強力意志，實踐聽從知覺、「存在先於本質」的哲學；前者甘受概念奴役，奉行的是「本質

先於存在」的原理。

受奴役者的悲歌是，窮盡一生可能也無法理解「本質」究竟為何。對他而言，本質永遠神聖、遙遠，永遠是「別人的」任意宣稱，而不是自己的創造物；他甚至不曾夢想本質是自己的子嗣。所有瞭解並同情這種荒謬處境的教育者，也許能夠認同教育的核心任務，在於喚醒人認識自我知覺之優先性，如此才能滋養「主體」，打破奴性。

事實上，概念和本質都是人造物，沒有那麼「神」；如果我們把某個人宣稱的概念和本質拿來作標準尺，就是在造神。可以肯定的是，沒有任何一個人是神：過去沒有人是，現在沒有人是，將來也不會有人是。醒覺的教育者絕不假扮神、發神威、行神權，除非想要愚弄、傷害或操控別人，但「愚弄、傷害和操控」是暴政或黑道的本業，教育裡不該有這樣的行為。

我的小女兒生來血氣旺盛，是個生命力強韌的知覺「主體」，對於製造概念的大人，沒有太多文明的敬意：對大人的說法或做法有質疑時，必本能式雄壯地反問：「為什麼？」大人給的答案倘若不合心意，便會直嗆：「你很奇怪耶！」和大人鬧翻時，不自主神經裡會彈射出諸如：「怎麼樣！」的直嗆話語。這樣的小孩，自降臨我家，就是自以為「很神」的我，要感化、馴化和再造的重點對象，我要教她作為人的本質意義，不希望她成了脫韁野馬；必要的時候，用各種方式展示一下「神」威，讓她懂得誰才是「主」，以便守護「文明」的馬奇諾防線（Maginot Line）。可以料想的是，「野性」和「神性」從此交鋒不斷；意外的是，二十多年後的如今，神性潰散，野性依

舊。

　　十多年前的一天，我在家裡需要用毛巾，卻遍尋不著任何一條可用的。我記得家裡有許多新毛巾，怎會一下全消失不見了呢？我邊找邊問家人們，是否知道毛巾的去處，大家都說不知道。我不死心地繼續搜尋，終於在女兒房裡疊床的上舖（小女兒的床位）見到那些毛巾，它們正一條條蓋在數不清的玩偶身上。瞬間我怒氣高漲，就要炸開整個胸膛，但下一秒，卻壓抑住性子（應該是意識到我孩子驚人的稚嫩和不懂事的結果），找來小女兒，嚴肅地問：「為什麼幫娃娃蓋毛巾？」她表情現出些許理虧，但卻沉穩地回答：「她·們·會·冷。」這時我的怒氣管不住了（大概是印證了她的不懂事之後的不自主反射），滔滔不絕、反反覆覆激動地告訴她，知道毛巾在哪，卻不告訴我，已經是不應該了；不明白布娃娃不會冷，還幫它們蓋毛巾，則是暴露幼稚、毫無長進，白費我苦心教導。我一邊宣讀正義的「判決文」，一邊隨手收起娃娃身上的所有毛巾。她問我為什麼要這樣？（在這種緊繃氣氛中，還能一副大惑不解地這樣問，讓我有點吃驚，並感覺大戰就要來臨。）我說毛巾弄髒了，得拿到洗衣機去洗才能用，並且訓誡她不准再做如此幼稚的無聊事。語畢，不等她回應，我帶著所有毛巾迅速離開現場，裝作沒聽見她悲傷、哀怨中夾雜著憤怒的抗議：「你很奇怪耶，跟你說她們會冷啦！」（其實聽她說的話，我是有隱隱的痛和怨：為什麼到了小二，還不懂得娃娃不會冷？）

　　這件事落幕幾年之後，我太太因為信用卡紅利點數暴增，開始擔心起沒有即時兌換點數會錯過一些好禮的事，於是拉著我一起看銀行

的禮品目錄，希望能選到物超所值的東西。她看中一隻身穿藍絨毛衣的泰迪熊，問我好不好。我假意附和，心裡只想著快快結束這種被資本主義體系洗腦的滑稽遊戲。一個禮拜之後，好禮來了。

穿著藍絨毛衣的純白泰迪熊的到臨，立刻引起騷動，並瞬間贏得我們全家（包括我在內）的寵愛，因為他的樣子實在太可愛了。對我來說，喜愛娃娃這樣的事，是近半個世紀以來從未發生過的，但發生了就發生了，無可否認，我也沒假裝不愛，就這樣完全融入在泰迪之愛的統一氛圍裡。冬天到了，我太太喜歡把泰迪熊擺在床頭陪她。有一天，她先睡了，天氣冷得很，我關了大燈正要鑽進被窩時，瞥見泰迪熊孤獨坐臥在冰冷的床頭邊，我竟感覺「他會冷」，於是近乎本能地將他拉到被窩裡來，一夜好眠！

這個「鮮活」的知覺體驗，有一天，在我的意識裡和小女兒為娃娃蓋毛巾的事件連結起來，這個連結究竟如何以及為何發生，如今已不復記憶，但很清晰的是，每次想起，都喚醒我作為一位不適任父親與教育者的極度羞赧，深深感受到自己的教育方式，實在需要「哥白尼式的革命」（a Copernican Revolution）：我必須完全拋棄對孩子發出「你懂不懂？」的質問，「你覺不覺得？」似乎是較為恰當的教育替代語。

教育的哥白尼式革命

> 在知覺的經驗世界裡，我們意識到由這一刻到另一刻
> 間，所發生的變化與時間裡的「統一性」。就此而論，我
> 們可以說：一切意識都是知覺的，甚至連我們對自身的意
> 識也都是知覺的。 （Merleau-Ponty, 1964, p.13）

　　如果不曾在知覺的經驗世界裡，意識和感受到泰迪熊會冷，我
便不可能瞭解，小女兒的布娃娃確實也會冷。泰迪熊和布娃娃，我和
小女兒，是有著某種連結的「統一性」。不曾知覺泰迪熊的可愛，我
就無法意識到，取走布娃娃身上毛巾的行為多麼「不可理喻」。但這
種機緣是無比神奇的巧合才能促成的。在很多時候，我們不僅不能瞭
解別人的「明白」從何而來，更難瞭解別人的「知覺」。知覺經驗是
人召喚身體一切官能，經統合運作之下所得的印象，這印象有無法切
割的格式塔（Gestalt）特性，並有永難抹除的「不透明性」。你的身
體、你的知覺，永遠外於我而存在；換句話說，你知覺到的，我可能

孩子的雙眸如清透的小河，單純而神祕

永遠無法完整知覺。這不像抽象思維。比如我小女兒如何把一加一算成二，對我來說，具有相當透明性；但她為何覺得布娃娃會冷，對我或任何其他的人而言，永遠是個神祕事件。我知覺到泰迪熊的冷，雖有助於瞭解布娃娃的「感受」，可是小女兒的布娃娃究竟會冷到什麼程度，意會和言傳都不足以完全澄清。對於知覺的這種不透明性的體會，應該教會所有人永保謙遜，尤其是教育者。

　　認知須以知覺為基礎，而知覺又有其不透明性，故而以己度人，永遠存在危險性。這項事實，可說明教育者何以應當避免質問學生：「你懂不懂？」因為這樣質問涉及兩個毫無根據的立場：一是認定有待被瞭解的說法正確無誤；另一是強迫學生同意師者所認定的真理。當我向小女兒說：「布娃娃不會冷，你懂不懂？」無疑是認定「布娃娃不會冷」乃是個千真萬確的真理，然而後來我的知覺經驗卻教會我，那根本是片面理解；另外，當時的我，強迫小女兒認同的父權心態，也是昭然若揭。質言之，以「你懂不懂？」來提問的教育者，自認為掌握真理，慣用居高臨下的姿態，不耐煩地催迫受教者當下就得茅塞頓開；真理和教師中心的意味至為鮮明。如果改以「你覺不覺得？」來提問，教育軸心將完全翻轉。「覺不覺得」的主權完全在知覺者手裡，絲毫沒有外來強迫的餘地，強迫也毫無作用和意義。如果當時我對小女兒的提問是：「布娃娃不會冷，你不覺得嗎？」我和她的互動歷程，極可能變得非常不同。如果我真這樣問，我小女兒可能回答：「我覺得她們會冷！」這時的我，有兩種可能的回應方式，一是「傾聽」她說明何以覺得娃娃會冷，並試著感受她的感受，

知覺她的知覺；另一則是結束對談，「承認」她和我的知覺的確不同。在這兩種情況下，我都沒有否定小女兒的知覺，原因就在於知覺的某一部分永遠無法被否定：真誠性。我們如何能否定別人的真誠性呢？如果我意識到小女兒的知覺在真誠性上是正當而無可置疑的，那麼至少該留下幾條毛巾，好讓她照顧最怕冷的幾個娃娃吧！

有個說法認為，人類有「兩個耳朵，一個嘴巴」，這樣的結構，象徵著造物主希望我們多聽、少說，以便真正認識別人和外在世界。這個隱喻有其深意，但關鍵在於，我們必須先有認識別人的強烈動機，其後才能有效運作「傾聽」能力。而認識別人的動機，又來自「接納」別人的神祕性、正當性和價值性。當我們問別人「懂不懂得」時，我們對別人的溝通機制，大多開啟在「說話者狀態」；當我們問別人「覺不覺得」時，我們的「傾聽者狀態」才完全打開。

教育者的思維大多是言說思維，而非傾聽思維。老師在教室裡的教學多數在宣布定論或結論，而非開啟對話或討論。因此，我們在教室裡聽老師們問學生「你懂不懂？」的機率，遠遠高於問「你覺不覺得？」的時機。然而，在許多課程裡，前述提問比率，應該是正相反的。

首先，美育方面包括美術、音樂和表演藝術等科目，照理說課堂裡應該充滿老師們對學生提出「你覺不覺得？」的徵詢，因為這些課程涉及美感知覺，而美感的共鳴，只能透過指引和邀約來激發，無法強制。換言之，美育的課，是對學生知覺饗宴的邀請，不應侷限於頒布技法規定。以技法為優先的美育課，教師自然會有較多的、令許多

學生畏懼的「你懂不懂？」的質問。類似地，體育課裡，如果老師多
重視學生的「覺不覺得」，大概比較不會停留於技術訓練，也就是不
那麼追求跑得快、跳得高、擲得遠，如此一來，訓斥可能會少一些，
歡樂、健康卻可能多一點。德育課程裡所欲傳遞的道德規範或價值，
如果學生沒有「覺得」，就無法「懂得」。也就是說，在道德上，沒
有覺得的懂得是空乏的。「公民與道德」科考試得高分，但實際行為
卻經常違規逾矩的學生，並非少見。改善這種現象的重點，顯然在於
如何引導學生透過實例、實境，感受善的呼喚，而非強化其對道德律
則的抽象理解。最後，就智育科目的教與學而言，一般大多認為理解
遠遠重於知覺，尤其是數學、邏輯這類形式運算學科。然而這些科目
的教學能否精進的核心關鍵，卻在於教學者是否注重學習者的知覺。
明言之，這些科目的教師，越重視如何在傳遞知識的過程中，讓學生
「覺得」具體、清晰、有機、簡潔、流暢、生動、炫麗、新奇、合比
例、富韻律等等感知樂趣，越有能力協助學生達成深刻理解。是故，
即便是智育科目的學習，通往理解的大道，仍在知覺的幽徑上。奇妙
的是，這個道理在校園內的教育幾乎被完全忽略，但在校外的各種社
會教育活動的安排上，卻頗受重視。臺灣博物館為了讓參觀民眾生動
瞭解八八風災的實況，特別以動畫方式製作一部「四D電影」，播放
影片時，讓民眾戴上三D眼鏡，並且在觀賞現場製造水霧和風，強化
臨場感。根據報導（楊盈慧，2012）：

　　尖石鄉錦屏國小五年級的葉尹韻說，最喜歡的當然是
「四D電影」，沒想到博物館也可以看電影，水霧混著風吹
過來「涼涼的好想大叫」。

因為領受知覺的豐富饗宴，而「好想大叫」的學習經驗，在校園內是
少之又少的。學校教育慣常要求學生由「懂得」走向「覺得」，顯然
是指定了一條艱困、無感的求知之路。相對的，由「覺得」走向「懂
得」，步履較為踏實、篤定，最終所得之知識，才能和認知主體「身
心合一」，可惜這個道理未能普遍見諸於學校裡的教與學的活動。

　　教育者不鼓勵學生由知覺出發來學習，除了誤認抽象概念的絕對
性和價值性之外，其實還有維護統一、永恆和標準的心意在內，她們
擔心知覺的不透明性、身體性、境遇性和個人性等特質，會把人教成
推翻一切標準，卻成就不了自己的後現代紅衛兵。

教學原道

> 所謂「知覺優先論」意指：知覺經驗的存在，代表事
> 物、真理和價值在我們心中成形時，我們是在場的；知覺
> 是原道（a nascent *logos*），它教導我們遠離獨斷，認識客
> 觀性的真實條件，並召喚我們起而求知和行動。這種觀點
> 不是要將人類知識化約成感官知覺，而是主張知覺有助於
> 知識之誕生，它使知識如可感知之事物那樣可感知，恢復
> 理性的意識作用。　　　　　　　　（Merleau-Ponty, 1964, p.25）

　　在教學上強調由「覺得」走向「懂得」，是一種知覺優先論，也
就是強調知覺是理解的根基。因為一個人在接受有關某一事物、真理
或價值之主張為有效時，若其知覺不曾體會那有效性，便逕自承認該
主張，他的靈魂顯然是不在場的。易言之，我知覺，故我在。知覺是
真誠性的最初，也是最後基地，在不受制約、摧殘的情況下，能使人
接近其天賦所可認識之最大客觀性。試想在自然狀態下，如果我覺得

冷，怎會說我覺得熱？冷得受不了，我會產生理解冷源的求知衝動，並採取行動以控制或解除冷的狀態。事實上，知覺不僅是有意識之行動（包含求知）的動力因，也是其必要條件。換言之，無知覺，即無行動。而知覺雖非知識之充分條件，卻是其必要條件。因為一個人握有一知識命題的前提是，「相信」該命題；而未曾「知覺」一命題的真，如何真心相信其為真？在教學上，我們透過知覺的管道，來傳遞知識，不僅僅是為了讓知識像可感知的事物，那樣生動而易感知，最主要的乃是只有透過這路徑，才能讓學生真心相信知識。果能如此，則當學生參照我們所傳授的知識而行動時，才能果決，才顯示其理性的主體意識作用。

所以，我們害怕知覺之獨斷性、破壞性，可能是一種誤解。知覺只有在受教條制約而麻木時，才發展出僵化的獨裁、盲目特質，才成為有破而無立的後現代紅衛兵。這一點我們在文化大革命、宗教戰爭，以及納粹和其他無數政體所執行的種族屠殺，都可以清楚見證。而重新審視知覺與真誠心靈的密切相關性，除了可以幫助我們瞭解知覺在認知上的優先性和重要性之外，還可由此發現教學「原道」（根本之道）。

教學原道的浮現，指引我們進行一次教學的哥白尼革命。也就是放棄以理解規定知覺的僵硬灌輸，改而引導由知覺走向理解的生動學習，這將讓「覺得」在教學中取得應有地位，進而激發學生成為真誠的學習主體，且不失「懂得」的真諦。總之並不是把握永恆、不變、完美，才算抵達真理的目的地。我們永遠在路途中，也永遠在目的地

上。知覺靈動時，我們即是既在真理途中，又在真理的目的地上。知覺可提供源源不絕的驚奇；我們在驚奇中，習得不斷修正認知和實踐的必要性。學校教育在傳遞知識的過程裡，往往過度依賴語言；而依賴語言來認識世界則容易使人養成「以概念代替知覺」（to substitute concept for percept）、「以事物之名稱代替事物本身」的習性（Eisner, 2005, p.115）；語言文字的高牆，一旦阻斷了切身知覺世界之路，將使人更容易麻木、偏執、盲從和墨守教條（Greene, 1973, pp.271-272）。知識和概念是由經驗提純而來，所以我們不能否定知覺經驗的優先性。當我們的經驗隨著知覺活動而擴充或改變時，知識和概念也要跟著修正；換言之，在求真的路上，知覺能教導人不斷修正的重要。這個事實雖讓人認識到自己絕對成不了「神」，卻可由此體驗「活」的意義。走教學的原道，就是要透過豐富知覺經驗之創造，找回教與學的「活」的意義。

　　J. Dewey（1859-1952）將哲學分為兩類，其中一類，他沒明說，卻暗示是追求精神性、永恆性和普遍性的哲學，另一類，他卻有明白的描述，他說（Dewey, 2005, p.35）這一類哲學：

　　　　……接受生命和經驗裡的一切不確定性、神祕、疑惑和一知半解（half-knowledge），並善用此經驗來深化和強化經驗的品質，來滋潤想像和藝術。

Dewey認為，後一類哲學的旗手是W. Shakespeare（1564-1616）和J. Keats（1795-1821）。而我覺得，走教學原道的教育美學者，似乎可在同一路途中，看到Shakespeare和Keats的鮮明旗幟，在風中翩翩飛舞，激勵人們邁步向前，走上「由知覺而理解」、「由覺得而懂得」的哥白尼大道。

然而，我們永遠也不能低估人性裡那種渴求確定性和普遍性的傾向，隨時都可能產生左右人的力量，進而使人否定流變，神化各式各樣的主義，並因此偏離、放棄教育的哥白尼之路。

從無法挑戰的主體性到現象學的回歸

　　追求確定性和普遍性的思想體系，往往過度抬高意識的抽象反省思維作用，認爲其不僅是個體確認自身存在的有效憑藉，也是認識其他一切事物的基石；這樣的意識觀或心靈觀，雖然提升了主體性（subjectivity）在知識論上的地位，卻也使人的認識脫離了具體世界，失根而危險[4]。換言之，看似堅不可摧、無法挑戰的主體性（impregnable subjectivity），到頭來所能提供的恐怕也只是空洞或無根據的認識。Merleau-Ponty認爲Descartes和I. Kant（1724-1804）的哲學都試圖建立這種無法挑戰的主體性，因爲他們都主張，除非一個人能透過反思，認識到自己是存在的，否則，便不可能理解任何其他事物的存在，但這種主張，卻使主體或意識與現象世界呈現分離的狀態。Merleau-Ponty進一步解釋：

---

[4]　對於抽象反思或「我思」是否理性，蘇永明（2006，頁27-36）有深入的討論。

　　他們將意識，或者我對自身之存在的絕對確定性，
當作其他一切事物之存在的前提要件……這麼一來，反思
（reflection）孤立運作，並植根於一種無法挑戰的主體
性，恍若超乎一切存有與時間。但這樣的反思是非常天真
的，至少是不完整的，忽略它自身的根源。當我進行反思
時，我的反思依賴著一個未經反思的經驗……。

（Merleau-Ponty, 1962, p.ix）

舉一個實際的例證來說明。某個風景勝地，有一座需要購票才能入場
觀賞的花園，花園裡百花盛開，林蔭翁翁，並有一個水湖，供鴛鴦、
魚兒悠遊，每到半點，水湖裡各式噴泉伴隨著音樂的節拍舞動，美不
勝收。剛來到這個風景區時，我並未拜訪這座花園，因此在旅館裡，
聽到遠處花園方向有熱鬧的樂聲，我的「反思」只能告訴我那也許是
某個地方（大概是花園或露營區）正在舉辦什麼活動。第二天我心血
來潮，購票進入這座花園，發現它別有洞天，處處驚奇。園裡的水湖
平靜無波，靜默山林倒映其中，寂靜與靜寂交會，時光宛如在這裡凝
滯。我緩步輕移，唯恐破壞這一片寧靜。來到湖區中央，發現有排座
椅供遊客停歇，我於是坐了下來，獨自沉醉在眼前如詩美景。望著遠
山浮雲飄動，我不禁出神地跟隨，未料，樂聲乍起，湖中噴泉像是熱
情舞孃，隨著音樂，翩翩起舞，惹得遊客驚呼連連。這一刻，園裡才
像又回到了人間。水舞結束時，我看了看手錶，是下午四點四十分，
心想水舞可能在每天下午四點半上演，明天可得把握時間再來欣賞。
我一邊想著，一邊離開座椅，信步在園中遊蕩。穿越松林時，微風徐

徐，吹得人渾身沁涼舒暢，常言中的「森林浴」，我這才領受到它的美好，於是忍不住在松林間流連，來回穿梭了好幾次。走出松林，快來到風車園區時，忽然間樂聲、水舞再現，時間是五點半，我在驚喜之餘，發覺原來每到半點，都有水舞音樂秀。欣賞完各式風車，我在水舞音樂聲中，滿足地離開花園。

回想這趟旅程，我發現自己原先在花園區外對那樂聲的「抽象反思」，實在空乏、貧瘠，甚至謬誤。沒有遊園經驗，我再怎麼努力反思，也不可能明白：那音樂是水舞的伴奏、不同樂曲和著不同噴泉舞姿、每到半點水舞上演一回。這個經驗具體說明了為什麼「反思依賴著一個未經反思的經驗」。另外，沒有松林漫步，「森林浴」對我而言像是虛擬實在，和「獨角獸」這類用詞的性質相近；但在松林微風中徜徉過後，我的「身體」卻具體而鮮明地向我解釋了森林浴的確實意義和「存在」，這時發生作用的主要不是我的「思維主體」，而是「身體主體」。申言之，外在事物是否存在，不經身體知覺的驗證、判斷，純由抽象反思的運作，絕難得到Descartes所想要達到的「絕對確定性」。這也是為什麼Merleau-Ponty（1962, p.xvi）會說：「世界的樣貌並非如我思考的那樣，而是如我經歷過的這般。」

以抽象反思為主，知覺經驗為次，甚至以為抽象反思才有認知的價值和有效性的態度，不僅無法建立知識，也讓人失去生活。世界的豐富性和多變性，教導我們認識自己的有限性，並引領我們向世界全方位地敞開；我們不能避居內在反思，並自以為在反思中，可以無誤地把握外在世界的運行原理：

> 世界並不是我能完全掌握其構成法則的那種事物；它
> 是我的思想和一切直接知覺的自然背景和場域。眞理並不
> 僅僅寓居在「內在人」（the inner man）那裡，或者更精確
> 地講，根本沒有所謂內在人……。
>
> （Merleau-Ponty, 1962, p.ix）

　　換言之，要建立有效知識，我不能僅僅依賴內在反思，因爲如果
沒有世界這個背景和場域，我或者我的思想將是空的。因此，要追求
知識，我的思想和知覺必須全方位地參與和感受這個世界，同時不能
荒謬地以爲：已經看盡了一切，並可從中分析、發掘不移的眞理。傳
統教育的缺失之一，就在傾向將人教導成「內在人」，阻礙人與外在
世界的密切聯繫，使得知覺體驗完全式微，降低生命的豐富性和眞實
性，連帶著製造出一些自欺欺人的虛擬眞理。要矯正這種教育缺失，
我們必須認清「無法挑戰的主體性」或理性的內在人，若是欠缺充足
的知覺體驗，其認知將變得無根而虛浮。爲了提升受教者生命的豐富
性，教育必須引領受教者打開所有感覺官能去領受世界無私提供的浩
瀚「一手資料」，並教導他們不讓科學或任何其他知識領域所製造的
「二手訊息」喧賓奪主。

　　就這層意義來說，教育需要一種現象學的回歸。

屏住呼吸，維持平衡，思緒即感官，感官即思緒

　　現象學……探究反思之前，總是存在著的這個世
界──一種無可讓與的存有；它用一切力量，專注於重新
建立和這個世界直接而原初的聯繫，並賦予這種聯繫哲學
地位。　　　　　　　　　　　　　（Merleau-Ponty, 1962, p.vii）

當教育成功幫助學生與世界重新取得「直接而原初的聯繫」，並使他
們瞭解必須以對世界的這種基礎經驗來作為建立知識的起點，而不
受限於成見或者科學對世界之樣貌的「次元性呈現」（second-order
expression），才有希望看清「事物原貌」（thing themselves），達
到哲學認識根本實在的理想。

　　此外，就教育協助人獲取幸福的立場而言，與世界建立「直接而
原初的聯繫」，目的應不僅僅是認知意義的確立，還有真實地生活在
「有感」狀態的用意。換言之，若不能透過身體官能和世界保持直接
而密切的聯繫，我們不但經常難以確定認知的有效性，更嚴重的是，
這時的我們，就某種意義而言，是「失去」了真實的生活。

融合身體主體和思維主體的行動主體

我們走入世界，與世界建立直接而原初的聯繫，還有另一層重要意義：認識自我。

曾子說：「吾日三省吾身：為人謀而不忠乎？與朋友交而不信乎？傳不習乎？」（論語，學而篇）這是許多人很熟悉的一段話，大部分人也都同意句中所強調的「自我反思」的重要性，但可能較少有人發覺，曾子在這裡所反省的，都是與別人互動、走入世界的那個行動我，而不是在斗室裡冥想的封閉人。秀才不出門，所知的天下事，可能殘缺不全；所知的自己，也是非常有限。世界需要透過不同角度來瞭解，人則有待與各種不同人事物的互動來認識自己。換言之，無論要認識世界和瞭解自我，都必須積極走入世界。在此，Merleau-Ponty的一段話，可以用來詮釋這個觀點：

　　……我所見到的隔壁房子，是從某個角度看的樣子，
但如果從塞納河（the Seine）右岸觀看，或從它裡頭看，又
或是從飛機上看，模樣應該不同：這房子本身的樣子，和
這些外顯形象的任一個都不相同；如萊布尼茲（Leibnitz）
所言，它是這些觀看角度和其他一切觀看方式所可見到之
形象的平面投射總和，亦即，一切形象導源自這個無觀看
角度的位置（the perspectiveless position），它是從無觀看
地點見出的那棟房子。不過，這樣說代表什麼意思呢？一
切觀看，不是都要有個觀看地點嗎？……我們必須設法瞭
解所見景像是從何地點見出的，同時也要不受限於它的視
角。　　　　　　　　　　　　　　（Merleau-Ponty, 1962, p.67）

一棟房子從不同角度觀看，確實會顯現出不同面貌；有時我們在無意
間從特殊而不熟悉的角度觀看同一棟房子時，甚至會大吃一驚，不
敢相信自己看的是同一房子。我們對別的其他一切事物的認識也是如
此。這說明變換視角對於客觀認知的重要性；而一個人要變換視角，
就不能自囚於斗室，自以為思維可以提供一切可靠的形象或訊息，相
反的，他必須藉著身體帶領自己到世界和生活裡去，才能到達不同觀
看地、得到多種觀看角度。這再度說明在求真的歷程中，身體主體的
地位至少和思維主體一樣重要。

　　有趣的是，我們觀看自己時，並無法像觀看別的事物那樣。
Merleau-Ponty（1962: 91）指出，當我們用身體來觀看外在事物，我
們可以把玩、檢查或環視它們，但對於自己的身體，卻沒有這樣的便
利：我們可以拿多面鏡子來觀看不同角度的自己，但鏡子裡的自己是
刻意觀看注視的自己，而不是日常活動裡那個「自然」的「真實」身
體。要知道自己身體的自然模樣，我們必須借助別人，因為只有別人
可以全方位地觀看自然狀態下的我們。再者，我們不僅需要仰賴別人
來觀看物理上的自己，我們也需要在人與人的互動中，藉由別人的回
應，來認識心理上「真實的」自己。因此有的論者主張（Fong, 2009,
p.35）：我們是在與他者「邂逅」（encounter）的過程中，展開自我
探索的；因為邂逅包含著不可預期性，所以更加有助於個體瞭解真
實的自我。Merleau-Ponty也說（1962, p.ix）：「……人身處在世界
中，而且也只有身處在世界中，他才能認識自己。」生活在世界中的
我，行走在人群間，以行動與人互動，並在別人的回應裡，切實認識
自身的性格、興趣和能力。這個我的樣態，是那個孤獨反思而不在生
活裡實踐的我，所見不到、看不清的。也由於人必須在「環境脈絡」
中「行動」才能認識自我，故而Merleau-Ponty認為，所有的「主體
性」（subjectivity），都不可免地包含著「互為主體性」（intersub-
jectivity）：過度強調個人意識的自主性，將造成自我觀念的扭曲
（參見Kearney, 1989, p.200; Magill, 1990, p.622）。

　　總之，我們在求知歷程中，發現無論是認識外在世界或自我，單
憑抽象思維是嚴重不足的，我們還需要身體知覺，因為有敏銳的身體
知覺，我們才能與世界產生最直接的聯繫，藉由身體，我們進入生活
世界，而生活世界裡的身體，不僅能靜態地觀察，也可藉著與環境的
互動，產生洞見，協助個體發現世界和自我。透過入世的身體，我們
的思維主體和身體主體，在生活中結合為行動主體，開發高度的知覺
和理解，並真實地存在。佐藤學認為（2012，頁119），「所謂『學
習』，是與世界的相遇和對話；是與他人的相遇和對話；也是與自己
的相遇與對話。」這個主張正確地指出「對話」在學習上的關鍵地
位；而在本文的探討中，我們更發現，與世界、他人或自己的有效對
話，不僅少不了知覺，還須給予知覺優先的地位。

結語：創造「有感」教學

　　以上我們藉著實際例證說明爲何「反思依賴著一個未經反思的經驗」，或者爲何「對於世界的有效思維，須以充足的知覺爲前提」。由這個知覺優先論的立場，我們可以瞭解Neill何以主張學生必須具備「使思維聽從感覺的能力」。

　　儘管就先驗知識而言，有效思維並不需依賴感官知覺，然而我們的孩子是時時刻刻都生活在經驗世界之中的。質言之，先驗知識若不用於經驗世界的理解，對學習者而言，頂多只是種益智遊戲。而在理解經驗世界（包括自然、文化、他人和自我）的活動中，先驗知識和抽象思維扮演的是輔助知覺的角色，不能反客爲主。誠如Merleau-Ponty所言，我們身處在世界中，不應也無法作「內在人」。「內在人」獨尊抽象思維，貶抑身體知覺，而依此觀念所施行的教育，易使學生盲從理論或教條，並漸漸變成視而不見、聽而不聞、感而不覺的抽象人或空心人；在「無感」中學習的結果是，表面上「知」了，卻

「知」而不行，到頭來，教與學都成了虛應故事、浪擲時光的把戲，十分可惜。

「有感」的理解才是眞誠之知，才能成爲生命的一部分，並產生行動召喚力，這是Neill主張「使思維聽從感覺」的內在理由。這種眞誠之知需要有感教學來培育。有感教學體認教學的根本之道在協助學生觸發生動知覺，進而達到有感理解。換言之，是從「覺得」走向「懂得」，而非由「懂得」來規定「覺得」。這是以學習者爲主體、注重身體知覺和行動實踐的教育哥白尼式革命。這革命尚未成功，然其成敗卻關乎人類全體的生命品質之揚升。

第二章

教學的「遊戲」結構

無識自我之尊嚴，絕無尊重他人尊嚴之可能。

（Schiller, 1794: L24）[1]

　　F. Schiller（1759-1805）在《美育書簡》（*On the aesthetic education of man*, 1794）一書中的學說蘊含著深刻的教學理論，對於教師日常教學頗富啓發價值。本章旨在運用該書之核心思想來闡釋教學的內在結構，說明爲何教學藝術及教學的美取決於「遊戲」結構的建立與完整人性的發揚。正因爲臺灣教育目前仍然普遍採用停留於忽略人性需求和漠視人性尊嚴的教學模式，Schiller美育理論的教學蘊義也就顯得格外值得注意。

---

[1] 本文引述之Schiller的文本皆出自《美育書簡》一書，爲求簡潔，附註僅標示引文出自第幾封書簡（如L9即是代表第九封書簡）；若爲Schiller觀念之引申、解釋而非直接引用，便在書簡號碼前加「參見」二字（如參見L2）。另外本文參考的《美育書簡》之英譯本有二，分別是R. Snell獨譯之版本，以及E. M. Wilkinson和L. A. Willoughby兩人合譯的版本。

教學的感性樣態

教學是影響力的發揮；而教學藝術則表現在不著形跡的浸潤作用。教師具有「純藝術」（the fine arts）的靈魂和天才，才能成為滋養高尚人格和偉大思想的不絕泉源。Schiller說：「在真理得勝的光輝抵達內心深處之前，詩人的想像力先行捕捉了它的光芒……。」（L9）亦即真理的把握，透過藝術的感性管道將更為快速，因為藝術擅長以具體意象喚醒感覺官能和理性思維，並使之聯合運作，達到為抽象概念提供鮮明而易解之具體印象的效果。此乃藝術將「抽象具象化」[2]的能力。

Schiller又說：

2　所謂「抽象具象化」乃是指將抽象概念還原成實際生活經驗中可感知的現象或例證；因為與實際現象的連結，抽象概念建立起接近、觸動人心的捷徑，也成為人人可以共同對話的主題。

　　　　你要在謙虛靜穆的內心中珍愛得勝的真理，並以美的
姿態將它從自身由內而外地展示出來，如此，則不僅思想
敬重它，感官也會熱衷於捕捉它的形影。（L9）

在此，Schiller間接道出了教學的祕密：對於真理的知性理解只能讓
人敬重真理，還不能喚起熱愛真理之情；要等到人們懂得以美的形
式，感性地將內在認識具象地表現出來，對於真理的熱愛，才會發
生，並由此散發動人力量，真理的傳播也在此刻得以潛移默化地遂
行。

　　失敗的教學，有一部分原因來自於教師尚未掌握真理的感性樣
態，便急於（或必須）以抽象說理「強迫」學生立刻接受顛撲不破
的「正見」，這不但無法達到讓受教者敬重真理的目的，更難引發其
熱愛真理之情。而依Schiller之見，感性樣態的發掘乃是讓人對真理
「既敬又愛」的關鍵。因此，懷抱教學理想者，在傳遞真理時不僅要
精神上認識真理，還要能發現、創造及有效展示真理的感性樣態，方
可竟教學之全功。這個道理提供了教學者一個檢視自我教學的絕佳線
索：每位教學者都應當自我省思，分析在教學裡，「我要傳授的原理
原則，都有適當而生動的例證了嗎？」教師的講解若是沒有這樣的例
證，不僅學生瞭解不易，即便教師本身也會教得有氣無力；因為根據
Schiller的理論，這時教師講授的，必定還不是他百分之百熱愛的，
而當他不能完全投入、接受自己講授的內容時，如何能講得傳神？如
何能夠打動學生？值得一提的是，教學裡所用的感性例證（無論多麼

精彩、貼切），不能一成不變。這裡所指的一成不變，有兩個面向。首先是講法的面向。同一個例子，可以有多個講法；而實驗不同講解方法或呈現形式，不但是適應不同學生、不同教學節奏、不同教室氛圍的必要作法，也是滿足教者自身之創造天性，提升其教學興趣的良方。再者是例證的面向。教師面對性質差異極大的學生，僵硬使用同一例證來解說同一原理，效果往往不如預期；換言之，教授不同背景、不同程度的學生，適度改變用於講解的例證，乃是成功教學之要件。值得注意的是，例證不一定要由教師自行研發。有時教師殫精竭慮，就是無法提出妥貼的例子，但請求學生提供時，卻發現學生能毫不費力地舉述無比精彩的案例。這說明學生是教師無比珍貴的教材發展夥伴；教學之中教學相長，教的人不必是老師，由此也可以得到說明。總之，發展適當、多元的講解例證，以提升教學內涵的感性樣態，乃是動人教學的必要條件，殆無疑義。

　　只是Schiller並不看好一般教學者孕育感性樣態的創造力和耐性，因為創造真理之感性樣態的重要性雖然有不少人瞭解，可惜

　　　　並不是每一位胸懷這種理想的人，都有冷靜的創造精
　　神和恆久的耐性，以將這種理想銘刻入無言之石，或鎔鑄
　　為穩當的文字……。神聖的創造衝動往往過於急躁，不願
　　採取謹慎的方法，只想直接進入現實生活及行動世界，重
　　塑道德世界中那些缺乏形式的事物。（L9）

只認識眞理的理性形式，而不能以冷靜和耐心發掘其感性樣態，卻迫不及待地想要改造世界的人，經常嚇退那些還處於被動狀態的受教者。古語所謂「易子而教」的箴言，講的大約也是父母急於灌注「眞理」給兒女，不願「浪費」時間探求眞理的感性樣態，缺乏和子女一同玩賞的興致，以致父與子在教與學中，盡皆索然無味，最終鬧得不歡而散；相對的，易子而教時，教與學雙方比較有冷靜、從容的心理距離，反而使「遊性」乍現、靈思泉湧，易於發現通往眞理之門。只是，一般教學者對於這個常見現象的內在原理，並不一定完全理解；而理解者也未必能在實踐上貫徹。

更進一步說，Schiller在此所提示的正是遊戲興致的重要。他說：

> 你那些嚴肅的原則，會把他們嚇走。但在遊戲中，他們將能忍受這些原則；他們的「品味」比他們的「心」更加純粹，因此你必須由此緊緊抓住那些膽小的脫逃者。
> （L9）

對於嚴肅的原則，人們「心」雖認同，但感於實踐之苦，經常萌生畏怯，或因情感柔弱，而不能全然接納，這種種不確定狀態令人不快，進而不自主地產生排斥心理，並有脫逃的衝動。相對的，遊戲興致能使人進入凝思、品賞的狀態，激發追求理性原則之感性樣態的衝動，並以生動象徵的發掘，向人的純粹「品味」展示理性原則感通人心的直覺姿態。舉例來說，生命世界中，生死相倚，是個嚴肅的定

律，也是必然真理，但許多人面臨自己或摯愛親友的生死大關，仍然難以平靜地接受，這時詩人的隻字片語，如R. Tagore（1861-1941）的「願生如夏花之絢爛，死如秋葉之靜美。」（Let life be beautiful like summer flowers and death like autumn leaves.），經常可以對人產生安撫及感通的效用。而這即是Schiller所謂：「在**真理**的勝利光輝抵達內心深處之前，詩人的想像力先行捕捉了它的光芒」，意欲表達的境界。許多成功的思想家都深知這個道理，並巧妙地運用。例如E. Fromm（1900-1980）在其名著《占有或存有？》（*To have or to be?*）一書中，為了生動而傳神地描述何謂「占有型」及「存有型」的生命情態，特別引用兩首詩。第一首是十九世紀英國桂冠詩人A. Tennyson（1809-1892）描述自己散步時，遇見一朵花的情形（Fromm, 1976: 4）：

> 裂牆縫裡的花，
> 我將你連根拔起，
> 整個握在手裡，
> 小花兒呀——假如我能瞭解妳
> 完完全全地，
> 我將能認識神和人的真諦。

在這首詩裡，花只是滿足Tennyson認知興趣的工具，毫無生命尊嚴可言。所以，「連根拔起」花的時候，Tennyson絲毫沒有意識到花將因而死去，遑論為花惋惜；他只是思索著占有花之後，也許能透過對

仰望秋風高掛，

可曾有帶走一片紅葉的渴望？

花的瞭解來達到認識神和人的目的。這種態度所表現的正是占有型的人，為達目的，不計代價也要占有外在事物的典型心態。Fromm引來和Tennyson的詩句相對照的是日本詩人Matcuo Basho（1644-1694）的詩作：

> 當我定神凝視，
> 驚覺薺花開了
> 就在樹籬邊上！

在前述詩句裡，Basho所表現的是驚嘆、欣喜，和內蘊在驚喜之中未說出但已暗示了的感恩、知足，完全沒有侵犯、占有的念頭。這是尊重萬物，與萬物和諧一體、共存共榮的涵養，也是存有型生存情態的最佳寫照。

要之，Fromm引用的兩首詩，不僅畫龍點睛地說明了何謂占有型的人和存有型的人，也為自己的知性理論，提出生動而又意境深遠的實例，可說深知Schiller所謂「善用感性品味，傳遞理性原則」的道理[3]。

---

3 禮記·學記所謂：「君子既知教之所由興，又知教之所由廢，然後可以為人師也。故君子之教喻也，導而弗牽，強而弗抑，開而弗達。導而弗牽則和，強而弗抑則易，開而弗達則思，和易以思，則謂善喻矣。」亦可與此論點相通。

貳

教學的理性形式

　　然而我們不能誤以為人類只要求或只能在「理性的感性化」之中，體驗美的昇華作用；人也有將「感性理性化」的衝動，也能在這種衝動的轉化和實現過程中體驗美的底蘊。Schiller認為，人如果只是以感性面對世界，拋棄心智活動，他將淪為純然的「物質」，而且此刻他所認識的世界，也將只是流變的「時間中一種無形式的內容」（a formless content of time）（L11）。

　　Schiller認為，人雖然有恆動的部分，稱之為「狀態」（condition），亦有恆定的部分，稱為「位格」（person）[4]。位格要求人將認知中一切無形式的形式化，亦即將流變的恆定化，因為位格只有在

---

[4] 在哲學上將person一字譯為「位格」，意指：瞭解人之尊嚴，能自由抉擇自己的路徑，「具有精神性及不能為別的個體所共有的特質之個別存有者」（項退結，1992，頁403）。

恆定中才能將自己定位，並由此彰顯自己的獨特性（L11）。試想一
個人如果在某一刻認定吸毒是惡的，在另一刻又認定它是善的，如此
反反覆覆，難道不會感到茫然不知所措，進而懷疑起自己的定「位」
和「格」律？質言之，認知的統一、融貫或恆定形式之確立，能帶來
位格圓滿的美感，也是人之「典型神性」（the proper characteristic
of divinity）的顯現（L11）。其實日常說法中，所謂「名正言順」、
「名副其實」、「自我實現」等語，都可佐證Schiller的見解。而
Schiller這個觀點，也可用於解釋為何「發現變化之中的秩序」或者
「寓整齊於變化」，能帶給人無比的快樂。物體墜落、潮汐變化、水
往下流等等看似不同的現象，實則都與「萬有引力」密切相關，學會
和瞭解這個統一的原理，能使初學者快樂，而最先「發現」這個原理
的I. Newton（1642-1727），其快樂自然更是筆墨難以形容。

　　透過前述認識來看教學，可知學生絕不會滿足於片段、零散事
實的習取；學生渴望教師所教的任何東西，都有統一的形式，進而以
此統一形式來觀察、瞭解甚至創造各種事物。這種渴望不限於學習，
一般人在日常生活的觀察中，也有類似的衝動。舉例而言，我們看國
外一些公共標語時，有時會覺得不可思議。比如，有的公車在車內標
示：「吐痰請向外吐，提高個人素質」；某地地震後，政府拉起紅
布條宣傳：「命苦不怪父母，地震不怨政府」。這些口號很容易讓
人覺得滑稽，甚至忍俊不禁，笑出聲來。而如果細細思考，或可發現
它們之所以具有「笑果」，乃是因為它們都有I. Kant（1724-1804）
所謂「出人意料之外」和T. Hobbes（1588-1679）所謂「引發突然光

榮（sudden glory）」的特質（參閱Lippitt, 1992）。換言之，這些標語所建議或提倡的事，都叫人意外、錯愕，同時感到自己一定可以提出更高明的意見來，而我們也就在這樣錯綜的覺知之下，不覺笑了出來，以抒發溢滿的情緒。有了Kant和Hobbes的學說作為根據，我們不但得以理解各式各樣看似不同的滑稽現象，而必要時也可以運用兩人所描述的原理來創造具有滑稽效果的事物。這就是「寓變化於統一」的能力，也是Schiller所謂之理性形式的尋取。

總結而論，「以法則貫串現象」，和「以現象佐證法則」，同為成功教學或智慧生活不可或缺的要件；而人類稟有感性與理性兼具的天性，則使得我們在能做到「以法則貫串現象」或「以現象佐證法則」時，感到莫大滿足。

教學裡的感性與理性

　　正因為人類的天性同時包含感性與理性，使得人同時受到兩種相反法則的驅使。Schiller指出這兩種法則，一是「絕對實在性」（absolute reality），一是「絕對形式性」（absolute formality）；前者要求人把內在（理解之形式）外在化，後者則要求人把外在（大千世界之萬象）內在（形式）化（L11）。遵從第一種法則的驅力，Schiller稱之為「感性衝動（或驅力）」（sensuous impulse），此一衝動強調此時此刻個體如何於現實世界的界限之內感知多樣豐富的現象，這是個體與真實世界相連，認識萬物之變化性和外延性的力量來源；遵從第二種法則的驅力，Schiller稱之為「形式衝動（或驅力）」（formal impulse），此一衝動來自於理性追求自由、和諧、不受限於個別現象的特性，也是企圖將個別案例當一切案例之法則、把一瞬當作永恆的動機，其實現可使個體的自主性最大化（L12, L13）。Schiller認為，教育的目的在於把人的這兩種特性統一起來，使位格獲得最高自主性，且和感性的最大豐富性統合，以達內外合一的要

求：而實現這種理想狀態的人，不會在大千世界中失去自我，反而能將外在的豐富現象聚斂到內在精神之前，並以理性彰顯其一體的形式（L13）。

可是形式衝動和感性衝動也可能互相侵害。Schiller相信當感性衝動取得絕對支配性，使感官成了「立法者」時，人將與客體無異，位格也因而消失；當形式衝動過剩而取代了感性的功能時，則是用形式在感受，這將使形式失去內容，並因此解消自我。要從這種衝突中跳脫，人們必須認識到：

> 只當人是自主的，實在才外於他，他的感受力才夠敏銳；而當人的感受力是敏銳的，實在才內於他，他才是思維的力量。（L13）

換言之，當人的自主性和感受力同時處於有效運作狀態時，感性衝動和形式衝動才相生而不相斥。

在教學上，有許多感性衝動取得絕對支配性的情況。常見的是教師以自認為「精采」的個案，占據了教學的絕大部分時間，而未作理性形式的深度探索。以致教學後，學生只記得聳動的故事、情節或笑話，不知其寓意或「道理」為何。另方面，武斷地以未經深究的個案，得出自認為「整全」之見，則是教師教學時經常難以克制的感性立法衝動，引人落入「洞穴偶像」的困局。至於教學時「以形式取代感受」的象牙塔現象，也是不勝枚舉。以取得知識的條件而論，當我

們主張某個人（甲）擁有某個知識（P）時，這個主張的成立至少要
符合三個條件：

一、P為**真**。

二、甲**相信**P為真。

三、甲提出充分理由**證明**P為真。

　　目前臺灣的中小學教育，升學主義風潮仍然高漲，為了以「經
濟有效」的方式求取好成績，教師教學時往往只注重將結論或真理
（P為真）「告訴」學生，並要求學生快速牢記，不問學生是否相信
P，遑論細究其是否能提出恰當理據來證明。這造成學生學習到的，
只能停留在淺層記憶，無法進入內心裡。教學者須瞭解：沒有感性實
例的理性形式是空的，缺乏動人能量，不能使人「相信」，亦不能具
體而有力地得到「證明」。如果教學的核心是在使人能「相信」和
「證明」知識，則感性實例的探索、蒐集和運用，就有不容忽視的價
值。教師們在此可能面對的問題是遺忘了自己所教的是「學生」而不
是「考生」。學生渴求的是學習樂趣；考生在乎的是標準答案。如果
教師把學生當考生來教，則提供學生們標準答案，教學任務也就大致
完成了。在拉丁文中，"studere"（「學習」）一字的意義是「熱愛」
（to love）；換言之，學生原是知識的熱愛者（Standish, 2005）。

學生要成爲眞正的「學生」（知識的熱愛者），而不只是考生（現成答案的接收者），有賴教師在教學過程中，引導學生掌握其學習「文本」（text）的實際生活「脈絡」（context）。學習如果能做到文本之脈絡還原（亦即實例的探索、蒐集和運用），就是超越形式衝動，進而滿足感性衝動，此將有助求知熱情的維繫。

　　無論如何，究竟如何才能兼顧感性衝動和形式衝動、使兩者確實達到「相生而不相斥」的狀態呢？Schiller建議：「放鬆」（relaxed）。

「放鬆的」教學

　　依Schiller之見，感性衝動和形式衝動兩者都需要放鬆。感性衝動的放鬆不是讓感覺能力鈍化，而是要全力增加個體對現象的知覺廣度，但把現象深度的探索交給位格，鼓舞精神的自主和自由；形式衝動的放鬆，不是指精神、思維和意志的鬆懈，而是指理性力量高度運作時，仍然瞭解感覺的豐富性乃是照耀精神活動的光輝泉源，因而預留感性運作的天地，避免任意對其施加暴力（L13）。如此我們可以說Schiller所謂「放鬆」是指人的感性和理性同時活潑躍動，而且感性和理性都自覺自己只代表真理的部分，故能容納彼此、協同運作，使人在認知和行動上具備彈性，並表現出「變化中有統一、統一中有變化」的形式、彈性和力量。對於這兩種衝動所可能產生的互惠、相生之性質，Schiller的結論是：

　　　　一個衝動的活動，既引發另一個衝動的活動，也為其
　　　定下界限，任一個都因為另一個處於活躍狀態，才發揮最

高潛能。（L14）

如果把教學比作「植物」，則理性的形式衝動可說是「陽光」，而知覺的感性衝動可喻為「水」。植物需要充分的陽光，也需要足量的水，就如同教學時，形式衝動和感性衝動同時需要得到充足的滿足機會。只看重或偏重形式衝動的教學，會變得枯燥乏味，一如只有陽光沒有水，或長期陽光炙烈，植物終會乾枯死滅。另方面，只看重或偏重感性衝動的教學，會變得浮泛不定，正如只有水分沒有陽光，或長期水滿為患，陸上植物終將陷溺腐壞。為了植物的生長，水和陽光要調節；為了學生的學習，教學時的形式衝動和感性衝動要在Schiller的放鬆原理下，相互激盪調配。

綜而觀之，Schiller的放鬆概念，對教學者至少有三個重要意涵：

第一，**教學前的感性知覺和理性思維必須是飽滿的，而這種狀態來自充分準備**。放鬆並不是放任感覺鈍化、精神鬆弛，反而是感性和理性的充盈和高度活潑。這樣的狀態唯有教師在課前身心安頓得宜、教材教法皆經深思熟慮，正式教學時才有放鬆的寬闊心理空間和實作能力根源。當然，有些時候課前再怎麼準備，也難覺得充分，這時教師的放鬆要領應在釐清課程中自己感到有把握和無把握的部分；有把握的部分思考如何生動清晰而有效率地教授，無把握的部分思考如何從中歸納出關鍵議題，並將之化為課堂中師生共同挑戰和解決問題的遊戲，如此便能放鬆師與生的身分定位，降低緊張、焦慮，使感性和

理性回復充盈，提高教室活潑朝氣。

第二，**不以課前準備（無論多充分）為教學內容之全體**。即使教師自覺課前準備完全妥當，正式教學時，絕不能只是把原先準備好的內容充分地教授就罷了，課堂中還要不斷要求自己適時地邀請學生以其敏銳的感覺和思維，來豐富課堂中的感性和知性材料，並樂於根據學生的貢獻修正課前預定傳授之形式或法則。這樣的教學富有「冒險」[5]意味，對教學者或學習者而言，同為刺激的探索歷程。質言之，教學要有冒險時間，當教學真正成為求知的冒險，教與學雙方便是到了都能完全放鬆並忘情於共同開拓之園地的時刻。

第三，**不陷溺於感性材料或理性形式**。要在教學中讓感性材料和理性形式充分相互激盪，追求「以形式統一感性材料」、「以感性材料激發形式之創新」的目的，若能達到這樣的境界，教學將成為「由有限走向無限」的動人歷程。這時的教師在傳授理性形式（原理原則）時，會反思我有足以印證形式的感性材料嗎？或者有沒有感性材料足以否定這個形式？講述感性材料時，則會尋思自己舉出的種種個別實例，是否有貫串的原理可以用來詮釋和理解表面上紛雜不一的案例？要之，教學中的感性材料和理性形式的往返回饋，應該是不停歇的，而這種回饋若能不間斷，即印證了放鬆的精神是存在的。

5　Filene（2005）對教學蘊涵著冒險成分的現象，也有深刻闡釋。

教學「遊戲」結構的創生

　　教師能在教學中放鬆，就是爲進入「遊戲」狀態做好了準備。Schiller說，感性衝動和形式衝動的協力合作，即爲「遊戲衝動（或驅力）」（play impulse）（L14）。感性衝動要求感受對象；形式衝動要求創造對象；遊戲衝動則要求「在感受中創造，在創造中感受」（L14）。正因爲遊戲衝動能同時滿足、統一人的感性與理性的雙重天性，所以Schiller認爲只當人遊戲的時候，他才是完整的人，且也只有完整的人，才遊戲（L15）。Schiller又說遊戲衝動的對象是「活的（生動）形式」（living form），而活的形式即是最廣義的美（L15）。例如一塊大理石雖無生命亦無形式，但經藝術家之手，可以化爲活的形式；然一個有生命的人，雖有形式，其形式卻不一定是活的。而一個人能在什麼時候現出活的形式而具有美呢？Schiller認爲：

只當一對象之形式能活在我們的感覺裡，且其生命又能在我們的知性中展露形式時，此對象才是活的形式；同時無論我們在何種情況下判定一對象為美，道理總是如此。（L15）

Schiller進一步主張，認為唯有活的形式才能同時贏得人的愛慕和崇敬，活的形式因為在感性上令人覺得優美，故得愛慕，又因為在知性上向人展露尊嚴，故受崇敬（L15）。Schiller舉雕像為例來說明這點，他說希臘女神Juno Ludovici的雕像除了有女性的嬌秀，還散發無所求的靜穆，故而能成就令人愛慕和崇敬兼而有之的活的形式。

教學要展露Schiller所謂活的形式，亦即要成為美，應以遊戲為結構。此可由四個方面來解釋：

第一，**教師須瞭解感性衝動和形式衝動是並存、分立，且皆有價值（皆有存在權利）的人性本源**。教師能認識這個事實，才能適時調整教學，使感性衝動和形式衝動都成為教學的**部分而非全體**，且兩者都不對教學產生強制作用。如此為教學的「自由」立下了基礎，也為融合兩者成為一體狀態（遊戲衝動）鋪下了發展的道路（參見L16, L18, L19）。

第二，**教學以遊戲為結構，就是以美，而不單以感覺經驗或抽象形式為對象**。這樣的教學將同時具有「振奮之美」（energizing beauty）和「柔化之美」（melting beauty）。它的振奮之美有助消除力度及深度的不足，使軟弱變柔和、輕佻變輕快、冷漠變冷靜、膚淺變廣

博、任性變自由；柔化之美則幫助教學化解感性緊張與精神緊張，免於感覺或概念的壓迫，從而保有自由及多樣性（參見L16, L17）。

第三，**遊戲結構可以使教學進入「美感狀態」（the aesthetic）**。美感狀態是一種中介心境（middle disposition）、自由心境，也是一種純粹狀態，擺脫一切既有規定，不以任何特定目的為對象（參見L20）。處於美感狀態的教學，不會僅僅以數學、物理或道德為唯一對象，而是能在數學裡看見物理、在道德裡和數學遇合。這就像最高等的音樂有圖像、最美的繪畫有樂章、文學裡有雕刻、雕刻裡有詩篇一樣，而這正顯示美的教學具備由有限通向無限的自由潛能（參見L16, L17）。

第四，**以遊戲為結構的教學，能喚醒人自為立法者的尊嚴**。教師若受物質世界盲目必然性之左右，將只是感性之奴，雖不依循任何規則，卻也不自由。因為一切事件或現象，對他而言都只是命運，而非能夠思維或改變的對象；這種教師不但自身不自由，也不能使人自由。相對的，教師的理性思維衝動如果急於脫離感性擺布，可能誤把個人感性之無限放大，認作個人感性之脫離。這樣的教學，將成為學生的奴役，無法包容、珍視學生的差異。教學的起點應在重視學生紛雜多元的生命經歷，並協助其由自我感性知覺到的種種個別案例，尋繹出理性形式之全體，進而學會如何成為自我生命的立法者；而這也是具有遊戲之美的教學所可授予人的最寶貴禮物：人性和自由（參見L24）。

教學藝術：自由和想像的遊戲（代結語）

……藝術是自由的女兒，必須依從精神需求的指令，而非受物質渴望的差遣。可是，如今必然性（Necessity）成了主人，墮落的人類屈服於它的暴虐宰制之下。效用（Utility）是這個時代崇尚的巨大偶像，任何力量都要爲它服務，所有才能都宣示對其效忠。在這些天平上，藝術的精神貢獻無足輕重；因爲失去一切鼓舞，藝術就此遠離我們這個時代的喧囂市集。（L2）

教學是一種藝術，展現高度藝術的教學乃是自由的後裔。Schiller在前述引文裡所指出的藝術發展隱憂，也可用於說明教學藝術不得自由的大敵，乃在只考慮三個密切相關的元素：物質性、必然性和效用性。當教學者把感性所知覺到的世界認作一切，只受命於物質需求而不發展精神力量，其教學將與主體自由絕緣，並停止追求成爲藝術的可能。物質世界是受科學必然性宰制的範疇，因此強調物質面向

的教學，也將自困於必然性的考量，是極為自然的。當教學者認為凡不涉及或缺乏科學的，就不能、不值得甚或不該教時，便是認必然性作教學的主人。誠然，科學大肆開疆拓土的同時，許多教學不由自主地崇拜，竟把自身的藝術當作貢品，無條件地獻出，這是Schiller所言之「墮落」。然而，不作藝術、不求精神性存在、不探索必然性之外的自由空間，是墮落嗎？無論這個問題的答案為何，我們似乎已經進入專以物質和科學為單位來計量教學之「效用」的時代，此刻的「教學藝術」即使不願意，恐怕也不得不「墮落地」退出「我們這個時代的喧囂市集」。

不作物質和科學的臣僕而又能優游於教學、不使教學「硬化」者，是J. A. Bowen所謂「不器之教」（teaching naked）的高手（Bowen, 2009）。Bowen是美國南衛理大學（Southern Methodist University）梅鐸斯藝術學院（Meadows School of the Arts）的院長，有感於現代大學課堂上，盛行在昏暗的光線中，全程以「電腦簡報」（PowerPoint）呈現教學內容，已經使教學喪失了面對面對話、激發智慧火花的大學精神，因此呼籲課堂教學拋開一切機器輔助，與學生直接進行論辯、對話的「不器之教」。值得注意的是，Bowen所謂「不器」（naked），不僅有不倚賴機器輔助之意，也有拋開（或不困於）講義的意義，如此課堂才能真正成為心靈對話的殿堂；至於講義的閱讀甚至評鑑，大可透過網路，於上課之前或課後進行。其實是否使用機器，並不決定教學藝術之可能與否，重點端在如何使用機器以及機器呈現了什麼。明白地說，對話不一定要是口語的、人與人

的交流，教學機器表現的內容若是活的，也可在學生心中激起對話的
熱情。這裡所說的活的內涵，用Schiller的觀念來詮釋，就是突破物
質性、必然性和效用性的思維，而能自由進出現實與想像世界，並激
發創意的題材。對Schiller來說，停留或受限於物質滿足的人，尚未
自由，行有餘力而能超越物質需求的「無所為而為」，才展現自由，
才能在行動中表現出遊戲興味，而藝術也就在這樣的狀態中萌芽。
即便是動物，也有遊戲，而其遊戲也是活力充沛、行有餘力的自由。
Schiller說：

> 促使動物活動的因素若是匱乏，牠是在工作；促使其
> 活動的因素若是力的充沛，亦即純粹因為生命力過剩而活
> 動時，牠是在遊戲。（L27）

雄獅飽食之後，在曠野中乘風漫步；蝴蝶在空中翩翩起舞；鳥兒在樹
梢引吭高歌，這些都是無所為而為的自在遊戲。兒童在精神上和體
能上，經常顯現出遠較成人充沛的狀態，其可能原因之一乃在兒童的
思想較不易固著於特定目的，所以能放鬆遊戲。雨傘在成人手中只是
避雨的工具，在兒童手裡，一翻轉就成了可以在地上旋轉的陀螺或者
任何成人意想不到的東西。所以，Schiller認為在童心、美感趣味和
遊戲的國度裡，萬物平等的理想可以實現；因為這時無論高貴的或低
下的、科學的或非科學的、物質的或非物質的，一概皆有無限幻化的
可能，想像之門也於焉開啟（參閱L27）。相反的，如果只停留在現
實世界，只承認物質、科學和實用世界的有效性，想像的力量和遊戲

的空間將會異常有限。想像的解放，象徵著人能超越日常目的和自然科學法則，但也因而使人擔心會脫離現實，甚至過著虛無的生活，但Schiller更擔心的是想像力因遷就現實而逐漸乾枯。他把想像力稱作「自主擬像」（autonomous semblance）的發展能力，並斷定人們什麼時候能超越現實目的和功利，無所為而為地創造和評價「純粹擬像」（pure semblance）時，人的天性就在那一刻起了一場革命、一種飛躍，並蛻變成真正的人（參閱L27）。

　　Schiller的理想是在遊戲的狀態中，為人性保全自由和想像的最大空間，也在此為藝術的發展儲備最為豐沛的能量。就教學而言，若教學要成為藝術，則其歷程也必須是一種充滿自由想像而富人性意味的遊戲。在這遊戲中，感性和理性時時對話、現實真相和自主擬像同被重視，由此生動教學得到活水源頭。C. Columbus（1451-1506）發現新大陸是個歷史真相，可是有教學藝術衝動的教師並不會滿足於學生牢記這個事實，相反的，他可能藉由活動來開啟學生進行一些相關的重要想像。例如，他可以邀請學生思考若是鄭和（1371-1433）最先發現美洲大陸，人類歷史會發生什麼樣的變化？學生在思考這個問題的歷程中，可能提出一些令人驚奇或感到有趣的答案，像是：「什麼也不會改變，因為鄭和只會要求蕃人朝貢，不會派兵占領。」或是：「現在全世界最流行的速食，可能是刈包，而不是漢堡。」等等，此時，無論學生提出的答案價值如何，都可為教學注入意想不到的趣味和新鮮朝氣。

　　總之，以Schiller的遊戲概念來建構和進行教學，乃是使教學人性化、生動化和藝術化的可行途徑。雖然有的學者（Goouch, 2008）指出只有極少數的教師敢於把遊戲的原理應用在教學，但如果有人能將Schiller的遊戲概念深化到教學的每一個環節，相信是教師展現專業以及樂在教學的一大助力。無可否認的，這種境界的達成，除了要對教材有高度瞭解之外，更需要耗費無比心神於實例的尋取。換言之，這是一條漫長道路，卻也是在教學中完全展現人性尊嚴的必經之路。

或許這並不是熟悉的那個路口，而是巧遇吸血鬼的黑色午後

第三章

釋放教育想像的
「部分／整體」觀

現代教育提倡想像力的口號不絕於耳，弔詭的是文明社會的普遍發展趨勢，卻一步步走向封閉想像之路。M. Greene是極少數洞悉這個現象的教育哲學家。本章的目的就在探討Greene剖析這個現象的專著《釋放想像》（*Releasing the Imagination*, 1995），闡釋她為教育提出的釋放想像之道：「大看世界」、「追尋突破和意料之外」，以及「強化意識覺醒」，並說明貫通這些要領的「部分／整體」觀在教育上如何應用，最後說明想像的釋放有待擺脫追求永恆的柏拉圖幽靈。

大看世界

Greene（1995: 10-11）[1]認為「小看世界」（see the world small）的態度，乃是我們缺乏想像力的原因之一。Greene在此所謂「小看」，意指透過單一系統或特定意識型態來解讀世界。例如，對於戰場上的將軍，官兵往往只代表抽象的同質數字，而非一個個雜揉悲傷、無奈、英勇和動人情節的不同故事。戰士孱弱不堪的雙親、魂牽夢縈的故鄉和來不及實現的夢想，多數未曾出現在將軍的知覺裡；在將軍的眼底，戰士也許只是棋子，沒有表情，也沒有什麼特別的故事。類似的，教育場上的教師，則經常以考試分數、證照數目、就業難易度或競賽得獎紀錄等等「客觀」數字來界定學生，數據低或不能被數據化的一切人、事、物，皆被視為無物，甚至被貼上「不良」或「危險」的標籤；至於各類「重要數據」背後，學生生命當中真實上

---

1 為求精簡，以下凡引用Greene在《釋放想像》一書的思想內容時，不再標示出版年，僅註明頁碼。

演何種人生劇碼，恐怕少有教師關注。

持平而論，社會也只用前述數據來衡量教師，而教師在龐大壓力下，多半被迅速馴化，甚至變身為數據統治的代理人；抗拒這股潮流的少數教師，雖非毫無立錐之地，卻要面對「明知不可為而為之」的窘境。

綜觀之，化約生命的態度，實乃今日司空見慣的現象：講究競爭、注重速效的現代生活，使人們漸漸失去細看世界的興趣和能力。諷刺的是，各種化約的系統觀看模式竟時常被稱作「巨觀（宏觀）視野」。然而在Greene的眼裡，這樣的「巨觀」，反倒是輕視萬物、小看世界的表現，也是人類失去想像力的主因。

Greene（11ff）認為教育若要找回想像力，首重建立「大看世界」（see the world big）的態度。而其所謂「大看」，包含數種意涵。

首先是「正視」。正視不只是認真端詳，還要真正關心：事實上「關心」與「端詳」往往有因果關係。質言之，有了關心才會有細細瞭解的耐性與動機，此正符合中文「關注」一詞的雙重意涵。誠如女性主義教育哲學家N. Noddings（2005: 16）所言，當我們關懷別人時，就能真正聽見、看見和感受到別人所想表達的東西。人們因為心裡有別人，所以願意細看和傾聽；當我們能細看和傾聽，就有機會發現，原來我們正用著多麼自以為是的態度和方式，粗暴地扭曲真理和濫用正義。Greene（36）指出，即便是進行想像力的教育時，弱勢和

貧困兒童的需求依舊是不被看見的，因為教師一心思考的是如何矯正
這些兒童，而非珍視、擴展他們的經驗、開啟新的可能。質言之，真
心傾聽，才能擴展視野、改變行動。就教育而言，無論是課程的設計
或教學的執行，能傾聽學生心聲的教師，將更有機會找到超越和創造
的路徑。

　　「大看世界」的另一意義是「透視」。此所謂透視，是不停留於
表面，能看到現象其所由來的縱向發展軌跡，和橫向脈絡聯繫。太多
表面上看似完全相同的現象，實則植根於不同脈絡。例如，同樣有暴
力傾向的兩個學生，一個可能出於學習挫折，另一個卻是源自生理病
變；同樣漠視子女教育的兩個家庭，一個可能因為忙於生計，另一個
卻是由於宗教關係。Greene（11）指出，能大看世界而有透視力的教
師，不僅看到學生在教室裡的行為，也注意到校外生活、家庭背景以
及社區環境等等因素，如何影響著年輕人的心靈和行為；而學校要協
助青少年面對層出不窮的各式危機，其課程內容除了要以厚實的知識
作為基礎之外，還要有跨學科的脈絡聯繫，且與學生的生活現狀、生
命處境密切相連，如此才能構成具有透視力的教與學的關係。

　　「大看世界」的第三項意義是「珍視」。這是認定每個學生都
有不可估量、獨一無二的自我發展任務和需求，絕非社會的齒輪或
棋子而已。評價教育的首要重點，應不只在追究教育是否培育出社
會所需要的人，且也在瞭解是不是每個人都能透過教育啟動自我追
尋的歷程，並成功認識、悅納和發展出具有獨特色彩的自己。Greene
（13-16）認為要達成這項教育任務，教師須承認每個學生都是獨一

無二、有潛力、能主動而又敢於發問的個體，並在教學設計上，提供學生承擔實作任務的機會、誘導其創發具有個人風格的操作（或探索）模式、鼓舞其確實而真誠地執行。如此，非但學生能夠學得好，也能透過此一過程具體認識、界定和發展自我，進而滿足自己在世界上留下足跡的深切渴望，並消解生命的「根本焦慮」（fundamental anxiety）。

　　「大看世界」的最後一項意涵是「轉換視角」（shifting perspectives）。依Greene（16）之見，轉換視角的必要性，來自兩個基本事實：世界變動不居、視角多重變異。世界在變，只是我們從單一角度不一定能夠看得見。不到冰封極地探測，人類如何知道地球正以何種速度失落海岸線？不是邊緣族群，又怎能瞭解長期被「消音」的哀和怨？不轉換視角，何能認識同一山脈，竟是橫看成嶺側成峰，遠近高低總不同？很多情況下的視而不見，並非刻意使然，實則視角有限或斜偏。此時若能轉換視角，嶄新且隱而未現的大千，即可瞬間浮現。所以Greene（16）說，認識別人的能力，取決於觀看的方式。在教育裡，能轉換視角，不僅代表具有多個「不同觀看模式」（different mode of seeing），也象徵抗拒單一詮釋，這種抗拒，雖然包含痛苦和焦慮，但也開啓驚奇、想像與發明的無限契機。

湊近一看，又見嶄新的風貌與世界

追尋突破和意料之外

　　和前述「轉換視角」密切相關的，Greene（17ff）還提出有助想像力開展的兩個概念：「突破」（breakthroughs）和「意料之外」（unexpected）。Greene認為越能以「新手、學習者或探索者」（beginner or learner or explorer）的態度來進行想像，越能發現嶄新事物；並主張改變世界的突破行動，源自個體能以不同方式觀看事物，而教育產生化育之功的道理亦在此。但一般人通常並不採取前述精神來面對世界，其原因之一乃相信靜態世界觀。究其實，這個世界永遠存在著意料之外的新奇，總有無盡的可能待人窺探。誠如M. Warnock（1978, pp.202-203）所言，無論經驗之外或經驗之內，永遠存在著比我們所知道的還要多的東西，等著被發掘；當我們不這樣認為時，一切在瞬間變成無聊、空洞、多餘。

　　再者，人類社會存在一些既有的定義和界線，它們是分類和定位各種事物的工具，也是確定感、秩序感和安全感的來源。不過無論

界線、定義或分類，都只是方便、偶然之產物，並非必然、完整、客觀、獨立而不可改變之固定事理的鏡射。Greene（19）指出，所謂事實或客觀實在（reality），只代表特定情境下之特定經驗的詮釋，並非普遍眞理。換句話說，事實乃是人的創造（甚至是捏造），而非現象之原貌或全貌。不過絕大多數人都會在受教過程裡，逐漸熟悉並接納社會既有的界線、定位和分類，視之爲「眞理」、「定規」，不僅使自己成了舊秩序的一部分，甚至在習慣化的惰性作用之下，發展成保守勢力的頑強守護者，再也不去探尋意料之外的領域，使得創新突破的火苗漸告停息。

　　Greene反覆闡明：正因爲界線、定位和分類都是暫時、偶然的區別，自無永恆予以固守的必要；而象徵進步的教育，鼓勵轉換視角、跨越界線或重新「命名」（naming），乃在激發突破，追尋新的可能、新的價值、新的意義、新的希望和新的秩序，在此過程中，無趣、僵化和意義貧瘠對人性的壓抑，可隨想像之激流的噴發而一一散去。例如「教室在窗外」、「學校無圍牆」、「活動是課本」等等概念，便都是跨界和重新命名，都有深富意義的多種實現方式。而Greene（23）認爲，最能激發細膩思維（thoughtfulness）和反省意識的教室情境，乃是教師和學生各自從不同生活處境出發，共同進入一個師生無分彼此、合作探索的歷程。這種探索的起點有很多：可能是教師偶爾興起的，厭倦「無魂存有」（non-being），想與機械、慣性、視爲理所當然的「無意識活動」（activities "not lived consciously"）相分離的渴望；也可能是課程或教學的刻意設計，試圖藉

由合作探索中的多元交流來達到跨界、突破、點燃希望和發現新意的多重作用。

　　有意識的突破涉及選擇行動，真正的選擇始於把既有一切當作只是偶然，如此才能設想及踐行寬闊的選項；意識到自己有不同選擇的可能，自由之路才會開啓（Greene, 1988, p.72）。在Greene的觀念中，教育者最重要的任務之一，乃在教導學生選擇及自我命名的要領。Greene（20）指出，別人經常想界定「你就是什麼」（"exactly" what "you are"），並且使用一些固定的名稱來定位和限制你。而你若想「自我命名」、「作自己」，需經自我創造的「歷程」。此一歷程意味著驚喜；驚喜來自蛻變；蛻變（和希望）源於想像（可能性）的實踐；想像有賴接收不同音調、採取陌生視角、瞭解從一地所觀看到的世界並非它的本質和全貌。Greene（38-39）憂慮的是，那些被貼上「能力不足」之標籤而被邊緣化的小孩，根本無法想像自己可以活出不一樣的人生，他們面對外在的壓力、控制和不友善的預測，往往只能無助地屈從或消極抗拒。因此Greene主張，教育活動應該為「每一個」小孩提供豐富的新奇事物，以使他們在不斷的「驚奇」（shocks）中，理解一切（包括自己）蘊含多樣可能。各種課程裡，Greene（27-31）特別強調藝術可提供驚奇的能力，這不僅因為藝術的表現形式多元而新奇，也因為兒童在藝術創造活動裡，可以悠遊自在地實驗、表現和發展獨特的自己。

強化意識覺醒

　　在Greene的理論中，富想像力的教育應是能夠促使人意識覺醒[2]的教育。相對的，人的主體意識極可能在特定教育過程中慢慢弱化、麻木，甚至完全失去；這種教育，Greene（74）名之爲「健忘的教育」（an education in forgetfulness）。

　　健忘的教育有三種特徵，一是使學生和自己的知覺感受相分離，二是堅持「既定解釋架構不可更改」（the given-ness of pre-determined explanatory frames），三是使學生脫離生活中密切相關的人、事、物、意象和心聲（articulations）。爲了避免陷入這三種狀態，Greene主張多種協助學生「恢復意識」、提高想像的教育措施。

---

[2] Greene在《釋放想像》一書中論及的意識覺醒與批判教學論所主張之意識覺醒的相通處，在於兩者都注重對「去人性化的結構」、「馴化系統」以及「虛假意識」之批判或反抗；但Greene的主張中，還提出「知覺意識」之強化對主體意識醒悟的價值，這部分是批判教學論所未強調的。

以下分就「知覺爲先」、「鬆解架構」、「共舞同樂」等三項討論之：

一、知覺優先

　　Greene（74）在知識論上支持M. Merleau-Ponty（1908-1961）的「知覺優先論」（primacy of perception），反對教育輕視身體官能和生活經驗的傳統。Merleau-Ponty（1964）認爲知覺是知識的「原道」（the nascent *logos*），知覺非但不是主觀之源，反而是教導我們遠離獨斷、辨識客觀如實之條件、追尋眞知和奮起行動的憑藉。至於先驗和後驗的嚴格區別，以及明辨形式和內容的要求，則是使人輕視知覺的原因之一，因此Merleau-Ponty（1962, p.222）主張消除這些區分，認爲在身體的行動和知覺歷程中，先驗與後驗、形式與內容是往返辯證、相互合一的狀態。這和J. Dewey的主張近似。Dewey（1958, pp. 3-4）把人在日常實際生活中所經歷和體驗到的一切稱爲「初級經驗」（primary experience），將人們由日常初級經驗之反省、分析而得的抽象概念或原則稱爲「次級經驗」（secondary experience），並主張初級經驗和次級經驗的價值無分高低，兩者有待彼此循環驗證。Dewey（1958, pp.19-21）且進一步指出，傳統哲學以爲次級經驗較爲接近實在的觀點乃是謬誤，也是「唯智主義」（intellectualism）的主要弊端之所在。Merleau-Ponty和Dewey同樣注重具體經驗，只是Merleau-Ponty特別強調知覺在認知過程中的關鍵地位。可惜，知覺的喚醒正是現代教育經常忽略或輕視的。

　　要之，Greene引述Merleau-Ponty的觀點，乃是希望教育不要停留於抽象概念和符號之傳授，而能重視學生的眞實經驗所具有的教育價值和機會。Greene（53）且進一步指出，Merleau-Ponty前述所謂客觀如實之條件，是指人類與眞實事物互動，具體地知覺、移動、觸摸、聆聽……等等經驗。這樣主張並不是要將知識化約爲感官知覺，而是要重新找回「理性的意識性」（the consciousness of rationality），換言之，就是要說明：前反思的活動乃是理性的基礎、理性始於「實境意識所得之觀點」（the perspectives of situated consciousness）、思維的參照依據永遠來自眞實生命經驗。在活生生的知覺活動中，人的意識醒覺、主體臨現——當我聽到一首美妙音樂時，知覺和判斷是同時運作的，「我」也在其中顯現。因此說「我知覺故我在」似乎比說「我思故我在」更能表達認知和主體感的根源。「讀萬卷書」雖然未必不如「行萬里路」，但很明白的是，只讀書而不行路的人，「我」或「主體」是空的，因爲他不曾對任何事物，有過任何眞實的「我的」感覺，其判斷和思維自然淪爲無根無據、無血無肉的蒼白臆測。所以學校裡傳道授業，須認識知覺乃知識之「原道」，課程安排上宜提供學生走出課本、走出教室、進入生活、擁抱世界的豐富機會，方能助其建立起不與主體疏離的眞知識。英國教育哲學家R. K. Elliot（1998）認爲透過具體經驗感受而得的「自然理解」，應先於依領域區別分割且理論化之知識的學科理解，談的也是類似Greene在此所強調的知覺先於理解（或理性思考）的道理。就這一點來說，夏山學校創辦人A. S. Neill（1960）的觀點也非常相近。

　　Greene認為要強化兒童的知覺和主體發展，除了應創造兒童體驗新生活和探索新世界的機會，也要善用其原本已有的經驗，因為舊經驗的反芻也是助長兒童意識覺醒和理性萌芽的可行途徑。就此而論，Greene（53）主張我們應該鼓勵兒童敘說或撰寫自己的生命經驗，同時如果兒童主動這樣做的時候，我們必須細心聆聽、仔細閱讀，不以成人先入為主的觀念否定其經驗的價值性或真實性，讓兒童在最開放的架構下，自由敘說，從中發現自我，並選擇後續生命如何走出自己的路。Greene說（75）：

　　　　……將過往生命經驗材料，以故事形式敘說出來，乃是創造意義的一種途徑。因為敘說自己的故事時，我們回顧反思，原道的重新體悟可能就在其中……。

Greene（76）並且指出，閱讀文學作品也有助我們從不同角度理解自己過往生命的意義架構；在閱讀過程中，讀者先前生命的意義感可在想像力被激發的狀態下，取得和當前經驗互動、對話的機會，全新的意義、嶄新的生命探索之旅，由此展開。這也正是Dewey（1934：272）所言，新、舊經驗以富想像力的方式交融，並激盪出深具美感的意義。Greene自述許多閱讀文學作品的經驗，例如Elizabeth Bishop的詩作〈候診室〉（In the Waiting Room）。詩中，年幼的Bishop陪姑媽去看牙醫，在候診室裡，Bishop瀏覽世界地理雜誌，正端詳有著奇特風情的非洲人照片時，突然聽到姑媽從診療室裡傳來痛苦的尖叫聲，Bishop發覺自己也不由自主地叫了出來，同時瞥見候診室裡

大人們灰暗的膝蓋、皮靴，想到正在進行的戰爭（時值一次世界大戰），不禁對自己說「再過三天你就要七歲了」，而這樣說的目的是要抑制一種墜落的感覺，她覺得自己彷彿要從這個圓球般的旋轉星球墜落，跌入藍黑色的冰冷太空。Bishop的「墜落感」引起她的讀者Greene的共鳴，Greene感覺自己也曾有過類似的墜落。Greene（79）回憶起童年山居，閃電襲擊屋頂，自己和朋友拋開紙娃娃，飛奔去尋找母親的情形。朋友很快就找到母親，躲進母親懷裡；Greene找到母親時，母親正懷抱著一對出生不久的雙胞胎，根本無法再提供其他安全庇護，於是Greene只能在既害怕又哀怨的心情下，不情願地拉著母親的裙襬，一股被拒絕的感覺瞬間襲來，推著她跌入一個必須獨立的、大人的「藍黑色冰冷」世界裡。

　　前述墜落感的共鳴，雖是一種前反思經驗的迴響，卻和所有深刻的知覺感受一樣，具有指引理性的無比價值。這也就是為什麼Greene說（78），文學在人們內心和經驗裡開啟小徑的能量，是其他事物遠遠不及的。她又說（77-78），文學可使已消失的再度明晰可見，恢復覺察力和自發性；人們若能透過文學而使過往「知覺」到的世界形貌和架構再現，則這些形貌和架構與當下的交會，雖然可能因為時空因素而添加上許多「理性」色彩，不過其知覺菁華仍然會被保存下來，並以不同形貌浮現，滋潤生活和教學，使它們變得更有根基，更有活力，不受限於邏輯理性，也不輕易屈從工具理性。從Greene的說法，可以清楚看到知覺的價值性，以及文學在這方面的可能貢獻。

二、鬆解架構

　　接著我們要討論，Greene所說的健忘教育的第二項特徵：堅持「既定解釋架構不可更改」。要瞭解Greene所謂「既定解釋架構」，可由其引用的三個隱喻來說明，分別是「有毒的雲」（a noxious cloud）、「迷宮式圖書館」（the labyrinthine library）和「黑暗世界」（the dark places）。第一個隱喻出自Don DeLillo（1985）的小說《白噪音》（*White Noise*），在這部小說裡，有毒的雲是從中西部大學城開出的火車車廂中散溢出來的放射性化學物質，因其無處不在、放射性低、無形、無臭、有毒但不立即致命，所以大眾不易察覺，即便知覺也因為專家說無害以及沒有立即致命的危險，而被忽略。第二個隱喻出自Umberto Eco（1983）的小說《玫瑰的名字》（*Name of the Rose*），這部小說描述中世紀一個修道院裡發生的故事，修道院的圖書館結構奧祕，宛如迷宮一般，院裡的修道士負責看守典籍和典籍裡的「知識」，以防盜取。第三個隱喻出自Joseph Conard（1902）的小說《黑暗之心》（*Heart of Darkness*），說明被征服、殖民的非洲大陸如何淪為黑暗世界，在那世界裡，征服者貪婪、黑心、暴力，被征服者無知、依賴。Greene結合這三個隱喻來看今日世界，認為創造「毒雲」的人，既是毒物「知識」的看守者，也是當前「黑暗世界」的征服者；至於被毒害和被征服的人，正是芸芸眾生。但關鍵是，在Greene的看法裡，有毒的雲究竟代表著什麼？Greene（47）說：

　　……我們必須關注社會被某種無形、無臭之物汙染的情形，我們的上空籠罩著一大片（有毒的）雲。那是由（被設定爲）不可更改之事物（given-ness），和那些自囿於理所當然心態和例行公事者認定爲「自然」的那些事物，所共組而成的雲。（括號內之中文爲作者附加）

這種雲的形成除了和一般人的無知和麻木有關，更是當前主流知識生產者（根據《白噪音》的隱喻，這些人似乎來自大學，因爲散出毒雲的火車是從中西部大學城裡開駛出來的）和政治權力掌控者聯合操縱的結果。Greene在不同文脈裡，標示出許多被認定爲不可更改或自然之事物，亦即其所謂毒雲之化合物，包括：「科技化、電腦化、去人化爲尙的心性」（45; 111; 130）、「以成本效益和工具理性爲溝通之唯一語言」（46; 64）、「效率至上主義」（46）、「講求宰制、法定資格及勢力」（47）、「依賴功績主義和階層體制」（51）、「科學方法的偶像崇拜和科學的匿名式權威」（55）、「因襲社會成規」（56）。質言之，「有毒的雲」即是社會之中，被認定爲客觀、正確而不可撼動的主流解釋架構；完全接受這些架構，就是走入機械、靜態、被動而無思想的存在狀態。Greene認爲，教育要改變這個態勢，找回人的主體意識，必須協助學生發展下列三種主體特質：

　　（一）**抗拒者**：這是指「有意識地反抗」不當誘惑和控制，否定無根據的禁令、屈從、罪惡感、羞恥感和恐懼感。Greene（112）指出，這種反抗象徵辯證（dialectic）意識的高揚，也是奮鬥力量的展

示：遇到阻礙成長和期望之滿足的高牆，不再自動轉彎、退讓，而能正面突破，選擇所愛，成就主體之「真實存有」（be）。這種帶著張力和熱情的辯證式奮鬥，永無休止；換言之，真實存有者永遠「高度省覺」（wide-awake）。如果以M. Foucault（1984, p.197）的話來表達，就是持續抗拒「常態化」（normalization）的壓力。

（二）**發問者**：Greene（130-133）認為，教育應該透過各種教學活動（尤其是藝術教育），讓學生體驗驚奇，瞭解實在的多元特質，以及實在是人類不斷建構及再建構的產物。有了這層認識，將更能承擔人作為「發問者」（questioner）和「意義創造者」（meaning maker）的任務、更易於衝破「預設和傳統的架構」的藩籬，並由此啟動「自我蛻變的歷程」（the processes of our becoming）。

（三）**遊戲者**：藉用W. Stevens的隱喻，Greene（141-142）指出，主流者經常戴著「方帽」，坐在「方形房間」，發想著「直角三角形」之類的世界，然而除了直角圖形、線形，這個世界還有橢圓、菱形、錐形、波浪形等數也數不盡的形狀。如果主流者願意脫下「方帽」，戴上「墨西哥帽」，也許橢圓、菱形、錐形、波浪形等就能一一浮現，甚至成為主流。Greene認為這種主流和非主流、核心和邊陲易位的可能，只需要「更高的遊戲興致」（a greater sense of play）就能發生。或者如Merleau-Ponty所言（1962, pp.455-456），人生在世，不只是作為一種無意識的存在物，人的存在是「真實的」（true），換言之，人能透過選擇而「歸屬於這個世界」（belonging to the world）。這個世界的無限可能性，隨著我們的選擇而展現出來，我們也在不同的選擇（或遊戲）裡，得到超越自我的契機。總

之，遊戲者是新選項的創生、催化者，所到之處皆能觸發豐富想像、自由交流、跨界反串的嘉年華會氛圍，是無宰制狀態與主體精神的最佳詮釋者。

三、共舞同樂

　　Greene所說的健忘教育封閉想像力、鈍化意識作用的最後一個原因是「使學生脫離生活中密切相關的人、事、物、意象和心聲」。用前述Merleau-Ponty「歸屬於這個世界」的概念來看，脫離生活世界的學生，不僅失根，也失去整個世界，甚至忘了自己；當世界的多元面貌不再向學生展開，他的選擇將隨之空洞化，而空洞的選擇，只會造就貧瘠的自我認同。Greene（62）為這種遺忘世界的教育，提出的處方是人類共舞同樂的意象，稱之為「生命之舞」（the dance of life）。這個靈感來自H. Matisse的畫作「舞」（Dance）；換言之，Greene認為人類生命應像Matisse之舞。在「舞」之中，舞者裸身、攜手、圍圈、體態舞姿各異、陶醉如一。Greene把這些意象充分應用在富想像力之個體與社群的孕育上：

　　（一）「裸身」：此一意象象徵人的真誠，不僅如此對己，也這般待人和自然；不但說出自己的心聲，也願意傾聽別人。Greene（136）說：

此刻，我們應該深刻體會那些長期噤聲的人所發出的聲音：女人、弱勢族群以及西方世界之外那些受敬重的詩人和音樂家的聲音，而且我們要開拓道路，迎向從未嘗試和意料之外的事物。

（二）「攜手」：此一意象代表愛和瞭解。愛可使我們能走出自我、恢復「視覺」、認識別人。誠如M. Buber所言（2002, p.228），要瞭解別人的痛，除了自己親身領受過，還要有愛。這也是Greene（62）認為愛和「邏輯」同等重要的理由。因此，當我們提到「危險」青少年，心中想的如果只是他們對我們的安全、舒適、財產、鄰里或小孩所可能產生的威脅時，那麼我們絕不可能瞭解他們；此時我們和他們的交談，只可能停留於「獨白式的」或「技術性的」狀態，無法構成Buber所謂（2002, p.22）互相接納、彼此傾聽的「真正對話」。

（三）「圍圈」：暗示對話和團結。圍圈的人，視野沒有死角，因為圍圈裡三百六十度全方位的人，都是我的眼，透過平等、自由的對話，我們交換各角度收視到的景象。Greene（86）說：

> 我在旅途中邂逅的故事，使我理解多種存在形式，並讓身處眾生之中的我，得以開展生命：透過別人的眼，我看的更多，更能想像自己可以發展成什麼。

這樣的自由交流，就像嘉年華會裡的人，沒有虛矯、傲慢和階級，任何人都可以和任何對象親切地互動（63）。除了對話，「圍圈」也象徵團結，一同跳舞的人都知道，彼此間需要某種有機聯繫，這種聯繫在不斷協調、練習中，發展成默契，有了默契，共舞的人才能演出動人舞曲。H. Arendt（1958, pp.182-183）認為，任何理想社群都要建立起人與人之間的「聯繫」（in-between）；而Arendt所謂的聯繫實則類似這裡所謂的「默契」。對Greene來說，在民主制度裡，人們「共舞」的默契應是：正義、平等、自由和人權的尊重（167）；由於這些默契，我們將獨特的自我融入社群及其共同行動裡（70）。

（四）**「體態舞姿各異」**：此一意象描繪多元差異之美。多元差異的人竟能共舞，突顯了團結的真實、可貴。接受多元共舞，珍惜差異，不必排除異己以求整齊劃一，不擔心舞群和變異的不斷擴大會帶來失序，因為大家始終攜手圍繞，在持續調整中，共舞出和諧融洽的默契。Greene（69）認為：

> 由殊異出發而能達到更為開闊的理解，一部分是因為能夠從越來越多的殊異點觀看，在別人的質疑和視野中，找到更多超越單向理解的途徑。隨著對話擴大，一方面建構人我之間的聯繫，另方面則發展出有律則的公共世界。這樣的世界如果由感受彼此情誼的人共享、關係開放並植基於相互關懷，那麼或許將有越來越多的人會發現，以殊

異角度來觀看這個共享世界和不同視野，並在此過程中感
受自己的理解最終得以擴大，乃是別具情趣的。

（五）「**陶醉如一**」：此一意象表現共舞社群的普遍幸福。共
舞者有樂趣，不僅因為自己的舞姿曼妙，也得自舞伴能與自己同樂、
協調；舞者彼此之間的共鳴，使快樂之情洋溢。美好的社群共舞，
有默契、愛和樂趣，所以Greene（198）說：多元社會的原則（尊重
正義、平等、自由和人權的默契）和行動脈絡（愛與關懷的人際關
係），須待能召喚、能言說、能歌唱、能用想像和勇氣去改變的人，
共同選擇和維繫。而其中所謂「能歌唱」，就是指社群中的每個人都
能陶醉在共舞的樂趣裡。

以上Greene援用「生命之舞」的原理來詮釋教育活動，讓教育工
作者更加察覺生命的奧妙，更能尊重學生生命的獨特性，以避免學生
「脫離生活中密切相關的人、事、物、意象和心聲」，並能恢復其生
之朝氣與活力。

「部分／整體」觀的想像潛能

　　細讀Greene在《釋放想像》一書裡所揭示的想像原理，可發現其通前徹後都在闡明（參閱15, 16, 26, 43, 74, 82, 107, 193）：如果我們瞭解自己和人類社會目前所能掌握的都只是部分而非整體，則意識覺醒、想像、突破、改變、謙遜和樂趣，或許將隨之產生。Greene（15）曾藉由《白鯨記》（*Moby Dick*）裡Ishmael這個角色的話語，來表達她所要闡釋的想像動力：

　　　　在《白鯨記》裡，Ishmael……說：「我保證沒有什麼是完整的；因為人世間被假定為完整的東西，就該假定而言，必定是錯的。」……空白永遠存在：總有未走過的路、未曾欣賞的街景。探索必須持續；終點無法知悉。

　　正因為既有一切總是部分，永難完整，所以想像才有無限伸展的空間。在此，試就「只是部分而非整體」之認識，稍加衍繹「部分／

整體」觀在教育想像之可能價值。

在教育活動裡，老師們若能瞭解「教師」、「學生」、「進度」、「成績」、「學科」、「當下」、「品行」、「答案」、「言說」、「教室」、「思考」等無數元素，都「只是部分而非整體」，將有助於創造彈性、多元、靈動的教育，其體認之教育圖像將呈現下數之景況：

教師只是部分：教師的「教」只是教學活動的一部分；教師如何在教學裡「學」，同為重要教育元素。

學生只是部分：學生的「學」只是教學活動裡的一部分；學生如何在教學裡「教」，同為重要學習因子。

進度只是部分：符合進度只是教學的一部分。進度是速度；有效能的速度，才有教育價值。

成績只是部分：成績只是教育的一部分。有「好」成績的「壞」學生，也有「壞」成績的「好」學生。

學科只是部分：「學科」教學只是課程的一部分。「關係」教學是學科教學的美感乘數；乘數若為零，教學美感亦歸零。換言之，師生關係惡劣時，再怎麼精心設計的教學，都難收到預期成效。

當下只是部分：「當下成效」只是教育的一部分；「餘音」亦為重要教育指數。

品行只是部分：品行只是教學成效的部分決定要素。壞品行的學
　　　　　　　　生，在好的教學結構裡，可能成爲絢麗教學的伴
　　　　　　　　奏曲。

答案只是部分：得出答案只是學習的一部分；找出問題也是可貴
　　　　　　　　的學習。

教室只是部分：教室活動只是教育的一部分。課外活動是背
　　　　　　　　景，左右教室活動此一前景的美感可能。

言說只是部分：言說只是教育的一部分；靜默、眼神、姿態、行
　　　　　　　　動同樣能傳遞意義。教育裡「言說的」有待「未
　　　　　　　　言說的」來完成。

思考只是部分：思考力只是教育任務的一部分。人在「知覺」和
　　　　　　　　「理解」渴望同等強烈，一樣重要。

　　在教育上，將部分膨脹爲整體的現象，並非罕見，值得反思的
是，這麼做往往只能使部分發揮其原有功能的一部分，也就是使部分
更加部分化，這似乎是將部分視爲整體，使得想像力隨之乾枯後的結
局。

伍

想像釋放與柏拉圖幽靈

　　在柏拉圖（Plato, 427-347 B.C.）的理型論中，萬事萬物最完美的典型只有一個，它不存在於經驗界，只能透過抽象觀念把握。所以，最圓的圓，不是可見的現象界中的任何一個圓，而是觀念中的圓；這個圓最完美，且永恆不變，不像經驗中的圓，那樣變動不居。柏拉圖主義展示了人類對於「一」的嚮往，和對於「確定性」的渴望。問題是誰能把握這永恆不變的完美理型呢？歷史顯示，無數人宣稱自己是「理型」的代言人：政治人物幾乎個個主張自己代表「全體人民」、「人類良心」；知識分子熱愛生產主義，毫不掩飾地表明其理論具有「普遍適用性」；教師們即便是謙遜的，仍然認爲謙遜是「唯一道理」。宣稱自己握有終極解答的「智者」，如果大權在握，經常不能允許「無知者」任何選擇自由，因爲那是危險象徵；而如果「無知者」不受約束，任何壓制以使他們回歸「正道」的作爲，都會被「智者」看作是合理，因爲「智者」肯定，這最終還是爲了人類全體。於是，在柏拉圖主義的氛圍中，一大群主張自己握有整體而別人

旅行中的未知與陌生，開啓迷路與探索的可能

只能體會部分的「菁英」，集體謀殺了自由、彈性，想像力自然也跟著葬身其中。即便號稱進入多元、分歧的「後現代」社會，仍然處處標榜大師、迷信英雄、追尋正確標章，可見柏拉圖幽靈未曾退散，依舊穿梭在人間。

柏拉圖主義相信抽象，懷疑具體，加上把數學視為知識的最高典型，造成其信仰者認為經驗世界的一切現象，都必須還原（或化約）成數字，才能取得正當性。不僅研究結果需要量化，研究績效也要量化：公司成敗以營利數字來計算，不令人意外，人際互動曾幾何時，也量化了起來；至於我們關心的學校裡的教學成果如何衡量呢？照樣透過數字統一，「具體」（實則抽象地）表現出來。所以，近代理性主義和經驗主義的爭鬥，看似經驗主義在科學尖兵的簇擁下，大獲全勝，實際上是，理性主義在柏拉圖幽靈的暗助中，奪回主權。於是原本代表部分的數字，如今又被當作整體，統治了一切。換言之，理性主義輸了面子，贏了裡子；而觸覺、聽覺、視覺、味覺、嗅覺等等經驗主義曾經以為真實的種種感覺，紛紛退位。這現象不可免的也發生在政治及學術下游的教育，毋怪乎時下教育的容顏有如柏拉圖幽靈一樣慘白。

　　一心追求整體，終將導致非人化地否定部分。不理解部分是人類的特性，則一切關於整體的宣稱，只會造成傲慢與災難；瞭解人類的部分性，不應成為絕望之源，反而應該構成迎向無限可能的不絕歡慶。

　　從自覺是部分，卻不斷嘗試建構整體之部分的教育活動裡，也許可以發現想像，並找回部分與整體的永恆辯證關係。我們並未宣稱見到了整體的恆久宏偉，我們只是不斷感受從部分走向整體，卻又發現整體現身為部分的流變樂趣。似乎這個體會有多少，課程設計和教學活動人道化、釋放想像的機會就有多少。

陸

結　語

　　本章闡釋Maxine Greene的想像力觀點，指出課程的設計者和執行者，必須同時把握「大看世界」、「追尋突破和意料之外」、「強化意識覺醒」三項要領，方能開展富想像力的教育，突破例行公事之牢籠，而這三項要領的真切理解與貫徹，則有賴時時省覺「部分／整體」的相對脈絡關係，方能達致教育想像的釋放。深入分析Greene的理論，將可發現其植根於現象學和存在主義的一些共通精神，包括注重「將人視為目的自身而非純粹工具」、「自由」、「創造」、「真誠」、「遊戲」、「行動」、「主體性」、「夥伴感」（together-ness）等理念。換言之，瞭解Greene的現象學和存在主義思想背景，將有助其心領神會，開展教育想像力的相關論述。

　　總之，Greene所主張之富想像力的教育，具有三項特徵：第一，是抗拒系統化、框架化的「小看世界」立場，這種狹窄視野傾向將學習化約成校內學科課程活動，將考試分數當成學習成果的全部，並將

教學視同爲汲汲於追求各種「確定性」的績效量度，進而與生活世界脫節，並造成個體生命嚴重異化疏離的現象，其解救之道乃在「大看世界」之多樣性、脈絡性和互補性，以求排解非人性之虛假客觀系統的宰制。第二，是挑戰慣性，追求突破和意料之外的課程，在此一方面，Greene特別注重藝術的功能，認爲藝術提供新奇、創意，可激發學生跨越既定界線的衝動，和自我「命名」的勇氣，並以行動尋求和實踐新的可能。第三，強化學生「意識覺醒」，這首先要恢復知覺和感官在知識上的正當性，確認感官知覺是眞確感、主動性和創造性的源泉活水，也是知識和行動的「原道」；注重感覺官能之陶養的課程，才能爲理性發展備足動能。其次是涵育學生成爲抗拒者、發問者和遊戲者，以求開展想像、超越既定解釋架構，彰顯世界和自我之無限可能。再次是建構面對面坦誠、友愛而開放的對話關係，觸發學生發現差異、接納差異、欣賞差異的能力，以成就一個「多元共舞」、高度開放的美好教育環境。

最後，本章進一步衍繹Greene的想像力觀點，說明「大看世界」、「追尋突破和意料之外」、「強化意識省覺」在教育上之所以可行，乃在教育者能認識一切「門徑」都只是部分而非整體。有此洞悉與識見，課程與教學才能擺脫柏拉圖幽靈，得到釋放想像力的鎖鑰。

第四章

論教學表現性
從杜威美學透視教學原理

壹

前　言

　　……除非言語能打動聆聽者，否則就稱不上能言善
道。……那些受藝術感動的人，覺得作品所表現的，彷彿
就是自己一直渴望表達的。……在這充滿鴻溝與高牆、經
驗共同體受箝制的世界裡，藝術成了人與人之間唯一完整
而無阻礙的溝通媒介。（AE109）[1]

　　John Dewey（1859-1950）的美學理論屬脈絡主義（contextu-
alism），反對在藝術與日常生活經驗之間築起分隔的高牆，因為
Dewey認為藝術創造和他種生活運作形式，並非完全不同種類的活
動；藝術和其他人類一切活動，同樣植根於生活經驗，本源相同，
且凡是「完整經驗」（a complete experience）（包括藝術活動在內

---

[1] AE是John Dewey的*Art as experience*一書的縮寫，本文引述的Dewey觀點，皆來自
　　此書。

的一切完整經驗）的創造，都能激起高度精神愉悅，具有美感價值，都與藝術的成功「表現」（expression）具有相通性。以教學活動而言，若教師能尋得感動學生的溝通媒介，將欲傳達的經驗，生動而無阻礙地呈現出來，進而協助學生體會自己一直想表達、卻又表達不出的經驗，就是創造了富有美感的完整經驗，也是一種成功的藝術表現。

　　無論教師是否有過感動學生的教學「表現」，這種境界都是為人師者必須追求的，因為這不僅是職責，也是人性的需求，涉及專業，也關乎教師的存有本體感。本章所關心的是，如果教師想要追求教學的「表現性」（expressiveness），能根據什麼原理原則來指引自己的教學？接下來，本章將立足於Dewey的脈絡主義立場，並借用其美學理論來分析、闡釋具表現性的教學，究竟有何特徵或運作原理。

教學裡的陳述與表現：普遍性和個別性

科學陳述意義；藝術表現意義。（AE87）

當教學只陳述意義而不表現意義時，就不再是藝術。缺乏藝術性的教學，欠缺表現性，頂多只是「路標」（signboard），難以提供實質經驗。而缺乏實質經驗的學習，像是紙上河流，固定色彩、不流動、無聲音、沒氣味、乏變化、少了生命，動人能量被禁錮在扁平靜態的空間裡。

為了協助學生理解，教學不可免地涉及意義陳述的活動，但若欠缺體驗，學生所理解到的將是單調、無活力的概念。具「表現性」的教學，能提供體驗，是故探索教學表現性的作用之一，即在解析如何回應學生對體驗學習的需求，以及如何創造教學藝術。

依Dewey的觀點，表現和陳述有著重大差異。理智陳述涉及事物普遍化（generalized）共通樣態之說明，其目的和價值展現在是否

能夠引導人認識同類事物的特徵。Dewey指出，這就像平坦道路的功能，強調的是如何輕易便捷地將人們和貨物運送到各地。然而「表現性對象的意義是個別化的（individualized）」（AE94），也因為是個別化的，所以是具體的、切身的和富感染力的。這也是為什麼Dewey認為詩人與小說家在探討情感議題時，要比心理學家占優勢。因為相對於心理學家以學術用語或抽象符號來描述情感，詩人與小說家則「創造具體情境來引發情感」（AE70）。看看Antoine de Saint-Exupery（1900-1944）在《小王子》（*The little prince*）裡，如何創造具體情境來描繪「自負者」（a conceited man）。「自負者」住在小王子拜訪的第二個星球上，當他看到小王子從遠處前來，不禁叫道：

> 「啊！啊！有位崇拜我的人就要拜訪我了！」
> 因為在自負者眼裡，別人都是崇拜者。
> 「早安，」小王子問候道。「你戴的帽子好古怪。」
> 「這是用來答禮的帽子，」自負者說。「當人們向我歡呼，我會舉起它來答禮。遺憾的是，從沒有人經過這裡。」
> 「是嗎？」小王子答道，不懂自負者的話語。
> 「鼓掌，」自負者命令小王子。
> 小王子鼓掌。自負者鄭重地舉帽答禮。

樹與人，偌大與渺小沉默地對望著

心理學再怎麼準確地描述自負，大概都無法完全「翻譯」小王子遇見的自負。Dewey說，「輪廓式素描」（diagrammatic drawing）只呈現哀傷者的一般表情，可指示哀傷的外在樣貌，無法傳達特定個人所經歷的傷痛；相對的，「審美式描繪」（esthetic portrayal）注重的是特定事件中特定個體的哀傷，「呈現出的那種哀痛，並非孤懸、無聯繫的，而是有其寄寓的特定脈絡（*local* habitation）」（AE94）。這樣的審美式描繪是具體的、故事性的，較易傳達動人的表現性。Dewey說，「用於精確再現特定形狀的線條，表現性必定有限」（AE97），表達的也是這個道理。

從教學的角度來看，教師可發現只講述普遍化概念，而不提供具體案例的教法，較難展現豐富的表現性。注重審美式描繪的教師，教學時懂得愼選具體案例，以激發生動理解。無疑的，精確的陳述有助「辨識」（recognize），然而唯獨創造或提供表現性例證，才能有益於審美知覺的提升。這道理在藝術上成立，在教學上也同理。學習者需要的，不僅僅是發展辨識能力，還要能「審美地知覺」（perceive esthetically），因爲只有如此，學習才能充分滿足「欣賞」的人性。

平衡性與教學表現性

> 藝術對象的表現性源自於能呈現出感受（undergoing）
> 與行動（doing）徹底而完整的相互滲透……在此相互滲透
> 的歷程中，行動並不是由外部聯結而來，也不強加於感覺
> 特性之上。（AE107）

藝術家的作品，並不是一開始就構想完整，其創造行動也不是
把腦海裡的藍圖依樣再現出來而已。相反的，創作者在一連串的創
造行動中，不斷感受生成中的作品，並隨時調整，直到其理想面貌
完整而清晰地浮現時，創造的行動與感受之間才算徹底相互滲透，
達到了Dewey所謂的「平衡」[2]（balance）；而作品就在此刻完成並

---

[2] Angelo Caranfa（2007）論審美敏銳性時，強調情感與理智，以及行動與沈思之間
的「交互關係」（reciprocal relationship），此說與Dewey的「平衡」觀可相互參
照。

展露最高的表現性。Dewey主張，藝術作品的表現性「是在時間流轉裡漸漸成形的，並非瞬間噴發而出」（AE67）。他說即使是全能的上帝也需要七天的時間，才能創造出天地萬物，而且也「唯有到了這個階段終了，上帝才看清自己究竟要將渾沌素材，創造爲何物」（AE67）。

以教學而言，事前設計的教案再怎麼完整，都有不足或縫隙。這些不足和縫隙，往往在實際教學活動歷程中顯露、放大。作爲教學藝術家的教師，敏於覺察、填補不斷浮現的縫隙，直到教學的行動與感受間達成平衡，才能取得教學的完整經驗和表現性。在一個「按表操課」而完全不願或不知調整教案的教學活動中，其部分與部分之聯結容易顯得勉強而生硬，缺乏表現性。也可以說，這樣的教學是封閉的，缺乏生長發展所需的互動性。Dewey指出：

> ……由藝術強化和擴大的經驗，其構成關係既不只存在於我們內心，也不與外在素材相隔離。當生物與環境進行最充分的交流，也就是其感覺材料與各類關係達到最完全的融合時，最富生命力，也最專注。若藝術撤退回自身，將無法擴大經驗，其結果是使經驗不再具有表現性。（AE107，底線爲作者附加）

藝術（創作者）不能撤退回自身，教學（工作者）亦然。教師須在走進教室的那一刻，同時走出自我，完全向學生、教材、靈感及各類可能關係開放，以期在教學歷程中不斷擴大經驗，展現飽滿的教學表現性。確實，最富生命力和最專注的教與學，往往發生在師生高度互動和交流的教室。這種教室協奏著高潮迭起的教學交響曲，沈浸在馮朝霖（2010）所謂「參化」的世界裡。

肆

教學的間接性與表現性

　　對Dewey來說，藝術是一種以間接取代直接，而能展現出更多、更深、更優雅之意境的表現行動。在藝術中，情感的直接對象，被某種能引發相似情感的對象取代。Dewey同意T. E. Hulme（1883-1917）的說法，認為美是在激情的節制中達成的，其所展示的是「靜止的震顫、想像的狂歡」（the stationary vibration, the feigned ecstasy）（AE79）。這種美或藝術，拒絕自然或生理目標之直接滿足，尋求更具表現性的間接管道和素材。當這些素材和原有衝動完美融合時，衝動便有了新的色彩。Dewey認為，

　　　　這是任何自然衝動被理想化或精神化的必然結果。情人的擁抱之所以能超越動物層次，就在其能將這些富想像力的間接行動之成果，化為自身的內在意義。（AE79）

湍急溪流、平靜湖水、縷縷輕煙、朵朵青蓮、自在飛鳥、渺茫星空等等雖不是情感，在適當安置下，卻是情感的優美符號，可擴大並強化情感的意蘊。

　　Dewey明白指出，藝術的表現性展現在混雜情感的澄清和淨化上。透過藝術之鏡的映照，人的衝動清楚顯影，他在此刻認識自身，且也在這一刻轉化衝動，開啟理想化的路程。Dewey認為在這種歷程中，鮮明審美情感才有誕生的可能，他說：

　　　　審美情感並非一開始就獨立自存。它是由富表現性的素材所引發的情感，正因為它是這些素材喚起的，且依附於其上，所以審美情感是轉化了的自然情感構成的。（AE80）

教學這種藝術，也尋求將自然情感轉化為審美情感的管道；優越的教學者瞭解教學之美，蘊藏於將自然情感理想化和精神化的間接素材裡。這些具表現性之間接素材的尋取，決定教學是不是深化意義和滿足審美情感的藝術。舉例而言，教師對於學生的各種學習表現，不免有自然的情緒反應，但是有教學藝術之意識的教師，並不顯露自然情緒，而是靜觀自我情緒、學生表現和環境脈絡，沈吟之後，才以對學生之價值成長有提升作用的方式表現出來。這是淨化、和轉化了的教育審美能力的展現。

伍

同步轉化性與教學表現性

　　前一段的討論，說明藝術是情感或衝動的間接表現模式，更深入地說，藝術可視爲經驗的轉化與改造。也就是在此意義下，Dewey說：

> 　　經驗素材須經改造，才能獲得藝術表現性。……於此歷程中，原始材料所引發的情感，由於依附在新材料，也產生改變。這個事實有助我們理解審美情感的特性。（AE77）

Dewey解釋前述說法，指出一般人普遍知道物理素材成爲藝術作品之前，都必須經過改造。例如大理石的切鑿、畫布的上色、字詞的組合。但人們較少注意到的是，內在精神素材，也就是意象、觀察、記憶與情感等，其實也在作品生成過程中，發生了相應的轉變、改造或調整。Dewey認爲，「這種更改乃是實現眞實表現行動的歷程」

（AE77）。洶湧而亟欲表達的內在衝動，也要像石材、顏料、文字和聲音那般經過完整而細膩的檢視、篩選、調整、安置和轉化，才能呈現具有說服能力的樣貌。Dewey 強調外在物理素材和內在精神素材的轉化，並非兩種不同運作過程，而是同一行動的兩面作用：

> 這兩種轉化在同一操作中實現的程度，即是一作品之藝術性的展示。當畫家在畫布某處上色，或者構思好要將色彩塗抹在某處時，他的想法與感覺也同時得到安置。（AE78）

換言之，外在素材和內在素材越能同步轉化，代表兩者在作品中越是「有機地相互連結」，而如此狀態下形成的作品，「才不會淪為老掉牙的東西或者陳腔濫調」（AE78）。

　　有活力而好的教學，也是「內」（教師）「外」（學生）同時轉化的歷程。不能改造學生的教學活動，缺乏表現性；然而只改造學生，而不改造教師的教學，表現性也不足──那往往代表教師沒有新的發現或感動，教學在這種狀態下，容易淪為例行公事，是勞動，不是藝術。總之，表現性飽滿的教學，是實現同步改造學生和教師的一種藝術。

陸

內在阻力與教學表現性

　　任何衝動（包括創作衝動），在向外尋求素材以求實現或滿足時，經常遭遇阻礙，必須扭轉阻力，吸收助力，才能成功。Dewey認為，有智慧的生物在此過程中，逐漸意識到衝動的完整意義和轉化的必要，如此自我便隨之開始改變，盲目、本能的追求，轉變成有目的、有計畫的作為。Dewey說：

　　　　若無環境的阻力，自我將無法意識到自身。它將無感
　　覺亦無興趣；無恐懼亦無希望；無失意亦無得意。使人完
　　全挫敗的阻撓，只會惹人惱怒、氣憤。但激發人思考的阻
　　力，可引發好奇、關注，若能克服並善用之，便能產生高
　　度成就感。（AE62）

Dewey認為助力和阻力「平衡」時，是好的狀態，卻未說明什麼樣的狀態下，兩者是平衡的，只是指出阻力與我們要達成的目標要有內在關係，而非任意而毫不相干的阻礙（例如，對於想攀登喜馬拉雅山的人，險峻山路和惡劣氣候是達成目標時，內在而必然要面對的挑戰，但其他登山客或在地政府的惡意干擾，卻是外在而任意的阻礙）。至於Dewey所謂助力和阻力的平衡，應是指行動者的欲求或衝動，所面臨的是具挑戰性但又非無法克服的目標。在這種狀態下，行動主體必須善用舊經驗來吸收和理解新情境包含的一切重要意義，以便將能量導向審慎有效的行動。Dewey說：

> 這種新舊的接合，不只是力的組合，也是一種再創造。此時，當下的衝動有了形式與具體內涵，並且舊的或「儲存的」素材也完全活化，在面對不可迴避的新情境之下，產生新生命與新靈魂。（AE63）

在教學活動裡，我們也可以清楚見到教師如何於克服阻力的歷程中產生蛻變。我們可以理解無阻力的教學裡，一切都是自動化或機械化，教師難以意識到自身，這時的教師無感覺亦無興趣、無恐懼亦無希望、無失意亦無得意，一切近乎機械狀態。所以，好的教學正視、珍視且不閃避內在阻力，甚至尋求之，因為超越阻力時，教師的新舊經驗才能接合，由此也才能得到創造教學新生命的契機。

情感與教學表現性：
選擇性、連續性、統一性與意義性

前文所謂阻力的尋求，在一般狀態下，是不可能存在的，除非有強烈的情感或衝動等待滿足。Dewey指出：「沒有興奮和騷動，就沒有表現性」（AE64）。內在的興奮和騷動引發表現的需求，而要完美地表現，須先超越種種阻礙，這時的阻礙不一定純然令人感到沮喪，反而可能受到歡迎。

然而興奮、騷動或情感是如何產生的呢？首先，Dewey指出：「藝術的自發性來自受新鮮題材完全吸引，這種新鮮性維繫並延續了情感投注」（AE73）。在這個理解之下，主張缺乏新鮮題材的教學，會失去情感和自發的表現性，也就理所當然。

另外，Dewey還指出：

> 　　除非面臨敵人襲擊的威脅，或者懷著作物豐收的期
> 待，原始部族的戰舞與豐收舞，將缺乏內在動力。要產生
> 這種不可或缺的興奮作用，就必須有令人關切的事物——
> 重要且不確定的事，例如戰役的結果，或者收成情況。確
> 定的事不會引發情感反應。（AE68）

所以，「重要」且「不確定」乃是引發情感投注的另兩項元素。整體觀之，新穎性、重要性及未確定性兼而有之的事物，容易引發懸念，並激發人解除此一壓力的驅力和情感。

在教師心中，教學成功是否為重要且不確定的事，明顯決定其教學熱情是否能維繫與延續。其中不確定元素的作用，有必要進一步探討。不確定性可能產生吸引力，也可能引發焦慮，在教學中，如何預防不確定性帶來過度焦慮，以致使教學失能或紊亂，是個關鍵能力，而這種能力可以在練習和認知反省中增強。首先就認知反省而言，教師須瞭解固定、意料之中而無挑戰性的教學內容或方法，不僅滿足不了學生，也會一天天將教師的教學興奮感和價值感磨損殆盡，因此在乎教學的教師，都應注意教學內容或方法的變化和強化，這是為了學生，也是為了自己。再者，無論教師的教學方法或內容有無變化，學生永遠是教室中未確定性的重要來源，也就是只要學生受重視、有自由，教學裡的未確定性永遠會存在，無經驗的教師可能以此為苦，但有經驗的教師卻能善用之以創造教學的驚喜。實際上，同樣的教材教法遇見不同的學生，所產生的結果經常極為不同；有智慧的教師渴望

瞭解學生的不同反應，並依賴這些反應來開拓新徑，這是教學相長，也是師生同為教學藝術創造者之觀念的落實。這種教室隨時準備迎接新的創造，永遠處在參與創造或發現創造的興奮狀態。教師如果能對教學的未確定性有這樣的認識，剩下來的工作就是「練習」如何接納未確定性、讓未確定性成為教學的必要建設元素。在這方面，教師除了定期嘗試新的教材教法，使之成為一種「習性」，還必須在課前充分準備及演練，課中才有吸收學生新奇反應的餘力及心理能量，而學生一旦有成功參與教學創造的美好經驗，就能漸漸和教師發展出共同面對未確定性的夥伴關係和熱情。

　　無論如何，在教學及其他任何藝術創造中，維繫熱情都有極為關鍵的地位。Dewey指出，「藝術具有選擇性，這種特性源自於情感在表現行動中的作用」（AE70）。明白地說，情感發生作用時，藝術為了真切表現情感，在選擇素材和表現的技巧時，會嚴謹地篩選過濾[3]。Dewey認為，情感是最嚴格且最有效率的「哨兵」，搜尋有益其滿足的事物，並排除一切不相合的。他說，「在表現行動的發展過程中，情感就像磁鐵一樣，將適合的素材吸引過來」（AE72），又說，「當情感乾涸或四散分裂時，毫不相干的素材才會進入意識之中」（AE70）。因此在教學裡，熱情不僅不干擾理智的運作，甚至

---

[3] A. N. Whitehead認為，「風格」（style）是心靈的最終成就和「最高道德」或「至德」（ultimate morality），有風格的人運用素材時講究精簡、厭惡虛工、追求完善（Whitehead, 1967, p.12）。我則認為Dewey這裡所說的情感或衝動，乃是更為根本的引導力量。

相望一曲，道我倆共伴的星月與晨曦

有指導理智正確而有效地完成表現任務的功能；失去熱情的教學裡，教學者意識渙散、缺乏目標，容易遭受各種不相干因素的侵擾。

Dewey並且指出，藝術作品令人生厭的可能原因之一，就在於「缺乏眞實情感來引導素材的選擇與組合。作者爲了確保預定效果，任意操弄素材」（AE71），然而我們必須體認，情感的樣貌是不能預設的，情感隨著創作歷程中作品展現的樣貌，不斷接受檢驗並自我調整，不放任外在力量將不協調、無邏輯和無感動力的素材勉強糾集在一起。眞實的情感敏於知覺，以作品「主題」而非創作者的算計，作爲選材的最高裁決依據。如此，情感才可能活躍，並且發生作用，「促成變動的連續性，以及變化之中效果的統一性」（AE73）。換言之，作品的連續性和統一性之有無，乃是創作者之情感品質的一種顯露。就教學藝術而論，當我們的教學缺乏邏輯、不連貫、不統一時，我們可發現那經常是自己情感不足的結果。不幸的，教學現場裡卻常見因爲各式各樣的理由，而發生教學情感不足的現象。C. Ruitenberg（2014, p. 161）提倡「友善教學姿態」（hospitable teaching gesture），主張教學不應預設教學成效或結果，不宜強制規定達成特定結果的特定學習方式，只需提供或開啓探索之門。這種主張的合理性在於，預設固定僵化目標的教學，往往缺乏眞摯而活潑的情感，造成表現力和動人能量的渙散。A. Assiter（2013, p.262）擔憂英國教育受工具主義至上之教育政策左右後，學校教學將不再能依循「愛」智、教學相長的「眞蘇格拉底取向」（a genuinely Socratic approach）。事實上，這種只有外在目標、沒有內在熱情的教學，已是

時下常見教育現象；這種狀態下的教學，只能談E. W. Eisner（1994, p. 155）所謂的「技藝」（craft），難有「藝術」發展的餘地。

　　不過我們必須認清，豐富的情感或者情感發抒的需求，只是「表現」的必要而非充分條件。Dewey觀察到美學理論經常犯的一個錯誤，便是認為「放任本能或習慣性衝動去施展，即足以構成表現」（AE64）；但放任本能和衝動（例如痛哭以舒緩悲傷或放肆破壞以解消怒氣），只是情感的宣洩而非表現。「宣洩是一種排除與遣散，表現則是一種維持，在發展中推進，且持續努力以達實現」（AE64）。情感的宣洩通常短暫且不必刻意為之；但情感的表現則需要長時間努力才能完成。為了表現情感，創作者必須設法維持情感，以把握其形貌，並透過客觀素材的形塑，去發展和具現情感。這經常是個漫長歷程，也是個人既有能力的嚴格考驗。所以，Dewey說：

　　　　除非內在有向外顯露的驅動力，否則表現性是不存在的，然而，這樣的湧出動力在成為一種表現之前，須由先在經驗建立起的價值來澄清與整理。而若不是環境裡的事物抗拒情感或衝動的直接抒發，這些價值也不會發生作用。就此而論，情感的發抒是表現的必要條件，卻非充分條件。（AE64）

原本嬰兒的哭泣純粹來自內在壓力，漸漸長大之後，他瞭解哭泣可以吸引大人注意，於是他開始認識到哭泣的意義，從此之後，他的哭泣，就可能不再只是純粹的壓力宣洩，而是某種意義的「表現」行為。Dewey指出，這類例子顯示為何表現性與藝術密切相關，因為藝術就在人類理解行為意義，並且試圖透過某種媒介來表現此一意義的過程中萌發。在藝術裡，原是「自然的」活動，被轉變為達成預期結果的媒介，這種轉化乃是「一切藝術作為的標誌」（AE64）。易言之，藝術是一種「自然的意義化」。相似的，教學表現也不是一種情感或思想的「自然」流露，而是明確掌握「意義」後的精心設計和作為。

教學的媒介與表現性

前述所謂掌握意義後的精心設計和作為的一個重要環節，就在尋
求表現的媒介。對於媒介，Dewey有如下的解釋：

> 媒介與表現行動的連結是內在的。表現的行動往往會
> 運用自然素材，雖然在此的自然指的是習慣的、原始的或
> 原生的意思。當我們依據素材的位置、作用、關係和其涉
> 及的整體情境來加以運用時，素材就成為媒介；就如同將
> 音符安置進旋律時，它就成了音樂。（AE66）

微笑、張開雙臂、雀躍神情等，是我們日常在不同場合裡可能出現的
動作或樣態，但當我們將它們結合起來，作為與珍視的好友見面時，
傳達喜悅的有機方式（organic means）時，它們就成了表現的媒介。
這就像畫家使用顏料來表現想像的經驗，或者舞者將無數個別而自然
的動作，組合為舞蹈以表現某種意象的作法一樣。Dewey認為，「當

素材轉化爲媒介時，表現與藝術才誕生」（AE66）。

　　教學表現性之有無，媒介的尋取是最重要的關鍵之一。某一經驗、情感、思想或觀念，運用不同媒材來表現時，可能展現極爲不同的色彩；同一經驗運用不同媒介來展現，就成了不同經驗。所以教師的教學呆滯、無聊、不能打動學生和自己的原因之一，就在不願或無法運用新媒介。Megan J. Laverty說（2014, p. 50）：「教師和學生如果有追尋最佳可能性的壓力，就會想像新的選擇，並由此轉化知覺。」在一般學校的教學裡，追求最佳可能性的自發壓力普遍來說並不高，而這或許正是其教學表現性較爲有限的原因所在。

教學的表現性及其醞釀：自發性

　　不可否認的，無論是經驗本身或者表現經驗之媒介，都需要經歷長時間的孕育。我們看到的一切色彩飽滿、行雲流水的表現，都不是突然冒現出來的。Dewey說，藝術的「『自發性[4]』（spontaneity）是長期活動的結果，否則就會空洞，無法構成表現行動」（AE75）；又說，藝術的自發性可以和辛勤努力相容，「假如辛勤努力所得成果是與鮮活情感完全融合的」（AE73）。進一步說，為藝術而下的苦工，如果不是勉強不得已的勞役，而是發自內在創作熱情的督促，則有機會醞釀出表現力十足、令人驚嘆的神奇作品。對於藝術的表現性、自發性與長期醞釀的內在關聯，Dewey有如下的描述：

---

[4]　Dewey在此所用的spontaneity一字，除了自發或自動的意義，亦有流暢的意思在內。

　　Van Gogh曾在一封給他弟弟的信中提到：「情感有時無比濃烈，以至於人們可以不知不覺地工作，而繪畫動作就像演說或書信中的字詞一般，有序而連貫地接踵而至。」然而，這種情感的完滿性以及表現的自發性，只出現在那些將自己沈浸在客觀經驗中的人；還有那些長期專注於觀察相關素材，並在想像中重組自己所見所聞的那些人身上。若非如此，一切將更像狂爆狀態，這時有序創造的感覺，便只是主觀而虛幻的。即使是火山爆發，也會先有一段長時間的推擠壓縮，而且假如噴發出的是熔岩，而非僅是散落的石塊或火山灰的話，那便意味著其原初材料有了轉變。（AE75）

Dewey接著在另一段文字裡，進一步解釋流暢、有機而理想的作品，來自從容的孕育，急就章並不能匯聚充足創造能量，只會製造出機械而呆板的成品。他說：

　　唯有先備工作完善，而使新觀念尋得正確門徑，它們才能從容而迅速地顯現在意識中。細察人類努力過程，皆可發現潛意識的孕育先於創造性的生產。「刻意」直接努力，所生出的盡是機械性成品；刻意努力是必要的，但這會使人與關注範圍之外的可能助力失去聯繫。我們在不同時間思量不同事物；意識層次上，我們感覺自己抱持著相互獨立，且適合於不同時機的目的；我們執行不同行動，

且這些行動各自產生不同結果。然而因爲這些舉措都源自
於同一生物，它們乃在意向之下以某種方式結合，協同運
作並創造出東西來，整個過程幾乎完全脫離意識，絕非刻
意運作的結果。（AE76）

R. S. Peters說，教育裡最珍貴的東西都是「得來而非教來的」
（caught rather than taught），強調學習者長期接受薰陶後，潛移默
化之下才能悟得要領（1970, p. 60）；Sharon Todd重視「潛隱教學」
（subtle pedagogy），指出教學中若干真實存在但不可言明、無法即
刻覺察的因素，在不知不覺中塑造了人的態度和情感，而這些態度和
情感無法以直接方式教導和學習（Todd, 2014, p. 56）；至於Dewey
在前述引文則說明成熟而具自發性的藝術創造能量，乃是經過長時間
潛伏，默默醞釀而來，絕不是刻意努力或直接傳授所可求得。很明顯
的，富表現力的教學，也是長期實踐、培育的結果。目前新任教師的
實習短暫而鬆散，造成正式進入職場時，教學相關能力左支右絀，熱
情在不斷挫折中磨損殆盡，因而退出教職者，並不在少數。師資培育
機構如何正視此一問題而有所因應，關乎師資品質與新任教師的生涯
發展。

　　Dewey說：「當人的耐心實現完美任務，合適的繆司隨之附
身，他便如神一般地言語、歌唱」（AE76）；Dewey並引述William
James的話，指出：

　　……新的能量核心在潛意識裡醞釀成熟，預備好要綻
放出花朵時，我們只要「放手」（hands off），它必能自在
展露。（AE75）

教學表現性的展露，相信是每位教師都嚮往的，因為從成功「表現」
所得到的喜悅，乃是一種自為目的而根本的快樂；人都渴望或喜歡
自己處在瞭解的狀態，而成功的表現，即是一種瞭解的完成和確認
（Townsend, 1997）。具有表現性的教學，不僅完整而無阻礙地完成
深刻的經驗傳遞，也實現了自我的徹底瞭解（「自得」），其快樂可
謂是雙重的。要栽培出這樣的「教育花朵」，耐心耕耘、播種、澆
水、除草、防蟲、禦寒、施肥，樣樣不可少，等到春暖，備足能量的
新芽自地裡冒出、展葉、茁壯、含苞、綻放，像是在瞬間完成，然而
園丁們都知道那是無數汗水灌溉的結果。

探尋教學的表現性：結語和反思

　　要搾取葡萄汁，葡萄與搾取工具缺一不可。同樣的，藝術表現既需要內在情感與衝動，也需要外在條件的支持和阻抗作用。換言之，藝術表現是自發情感和客觀素材相互作用、互爲滲透的成果。余秋雨（1990，頁191）在不同的脈絡裡，也指出相通的道理，他認爲藝術創造最難的莫過於「尋找一種合適的外化方式」。所謂「外化」指的是內在情感、思想或想像，如何透過客觀材料以恰當形式「表現」出來的歷程。Dewey（AE67-68）扣緊這種內外雙向互動的藝術創造核心，歸納藝術表現性的特徵，提出四項要點：第一，眞正的藝術作品，所表現的是有機體爲了滿足迫切衝動，而必須與環境密切互動（不僅擷取所需，也要克服阻力），並由此建構出一種完整經驗的生動歷程。第二，藝術所表現者除了「搾取」（ex-press）自創作者自發的衝動與傾向，也藉助客觀素材的「擠壓」或考驗。第三，藝術的表現作用乃透過媒介建構而成，此有賴創作者之情感與客觀素材進行歷時性互動，直到兩者都產生前所未見的形式與秩序。第四，許多人

之所以感覺不幸福、受煎熬，乃是因為不善於運用表現的藝術，來傳達自己對深感興趣之主題的情感、思想或想像。這種藝術涉及將客觀素材轉變為強烈內在經驗的表現媒介，也就是「已燃起的內在素材必須找到客觀的燃料來延續」，兩者完美互動，具豐富表現力的精巧作品才會誕生。

透過Dewey的表現理論來看教學，可以見出動人教學的若干元素或特質。就像藝術家必須同時對藝術、觀眾和主題感到興趣，才會有積極的創造活動一樣，教師也要同時對教育、學生和教材懷有熱情，才可能產生高度的教學衝動，這種衝動是教學「完整經驗」和表現性的必要條件。再者，教學表現如同藝術表現一般，都不是內在騷動的盲目（或自然）發洩，而是長時間在熱情的支持下，不斷與素材對話、互動，終於尋得或創造出「表現」媒介的刻苦歷程；在此歷程中，創造者和被創造物，同步產生轉化，獲得新形式與新價值。最後，「表現」是人的天性，更是藝術家（含教師）之生涯成敗的關鍵；在為「內在素材」補充「客觀燃料」的過程中，藝術家（含教師）雖經歷煎熬，但也因此找到完成「表現」的成就感和滿足。教師需要在教學裡找到精神性的滿足，而這滿足往往就在實現教學表現性的藝術創造過程裡。

總結杜威的藝術表現理論，可得「藝術表現的歷程與特性」如表一：

表一：藝術表現的歷程與特性（本表為作者自製）

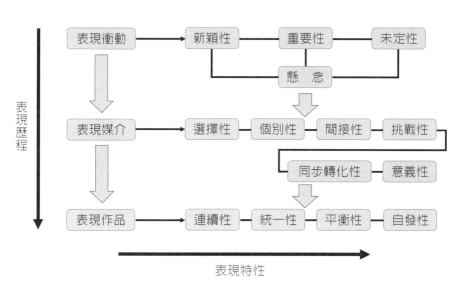

上表說明藝術的表現歷程是由表現衝動、表現媒介及表現作品等三者共同組成。表現衝動是企圖自新穎、重要而未確定事物所構成的懸念壓力中解放出來的情感，這種情感協同理性運作，指引創作者選擇並轉化個別性及間接性的素材，使其成為傳遞豐富意義的媒介，而媒介最終構成的藝術作品，不僅呈現出內在的連續、統一及自發流暢性，也代表創作者的內外在影響因素高度交流互動、互為平衡的結果。

　　善用前述藝術表現的歷程及特性，可有助於教學原理的把握。不過教學表現性的追求，必須提防兩個互為相關但卻不同的問題。首先，凡是重要知識內涵，都有其自身的尊嚴，過度強調如何吸引學生注意力的教學，有可能輕忽知識意蘊的探索，致力膚淺趣味的營求，

如此，不僅捨本逐末，也養成學生只看熱鬧、不看門道的傾向，進而失去「在研究中學習」（賈馥茗，2003）的毅力和精神，落得越來越仰賴教師，無人提示事物之樂趣或價值，就沒有探索動機。這個問題，在講究速成和多媒體科技反客爲主的現代教學氛圍裡，確實要戒愼恐懼地防備。教學表現性的強調，不是娛樂效果的追逐，而是教材之深刻、動人能量的開顯；缺乏實質內涵的教學，只會膚淺化，不僅無助重要學習目標的達成，也會快速失去吸引力，令人感到乏味、甚至反胃。換言之，這種失根的教學「表現」，不過是虛浮的「表演」。Dewey強調表現是內在強烈感受引發的表達衝動，說明表現是「有感而發」，而非「無的放矢」，同時必須透過媒材的辛勤琢磨，才能求得適切而完滿的呈現。因此，表現既不是無病呻吟，也不是盲目發洩，而是形式和內容兼具、「文質彬彬」的意義傳達歷程，這樣的行動，不會助長學生被動、淺薄的學習心性，反而是激發其高度學習熱情的重要觸媒。

其次，Dewey強調藝術創作者應與外界（含創作的媒材及觀眾）保持互動平衡的關係，不能閉鎖在自我的內在碉堡裡，因爲創作者若撤退回內心，不再與環境互動，不但無法擴大經驗，也難確定是否準確表現出自己的思想、情感，最終其作品定將因而失去動人能量。然而，創作者與媒材或觀眾的互動也潛藏一個危險，亦即創作者往往過度退讓、屈從，任由媒材及觀眾擺布，致使原有創作理念嚴重扭曲，喪失靈魂、個性，使作品成了一種庸俗的諂媚，如此無論對創作者或觀眾，都是弊多於利；實際上，這也是創作者創作動能枯竭的重要緣

由之一。要降低這種危險，創作者不僅要向觀眾及媒材保持最大程度的開放，也須傾聽內在聲音、忠於自我。就教學而言，這是讓教師、教材及學生都能充分發聲的狀態，藉此造就一種具創造性而主動活潑的真平衡，不停留於勉強、被動而僵硬的偽平衡。

　　作曲家Arnold Schönberg說（轉引自Maisel, 1993）：「若是藝術，便不是為眾生；若是為眾生，便不是藝術」（If it is art, it is not for all. If it is for all, it is not art.）。在此，Schönberg似乎想表達：好的作品不是每個人都能領略，而每個人都能領略的，絕非好作品。這種觀點不僅有階級意味，也為藝術設下了發展的界限。其實，領略與否是程度問題，而非全有全無的狀態。教學作為一種藝術，比其他藝術更強調作品能夠被所有「觀眾」理解（至少是部分理解），而教學也正因為這個特性而更有挑戰性、更注重表現的平衡性與真誠性。對教學藝術而言，觀眾（即學生）不是地獄，而是試金石。

第五章

詩性思維匱乏的
教育改革

山木自寇也，膏火自煎也。桂可食，故伐之；漆可用，故割之。人皆知有用之用，而莫知無用之用也。

（莊子，人間世）

　　因為蘇格拉底的緣故，希臘人的品味改變，轉而喜好辯證：其結果如何？最嚴重的是，一種更高貴的品味消失了。……在蘇格拉底之前，良好社會拒絕辯證的習氣，將之視為降低格調的不良風俗。年輕人被要求戒絕這樣的行為，而所有以這種方式提出的理由，都被認為不可信，因為信實的事就像誠實的人一樣，不會以此形式來彰顯自己。盡顯自我優點的行為，並不雅致；汲汲於證明自己的，價值微薄……。

（Nietzsche, 1990, p. 41）

前言：愛麗絲夢遊仙境症候群

在精神醫學上，有一種症狀是患者會在病毒感染、發燒、偏頭痛、壓力、中風、癲癇或藥物的影響下，感到每一樣東西都變小或變大，甚至覺得自己身體的某一部分也變大或變小了，此種現象可能持續幾分鐘甚至一個小時。由於這種錯覺和Lewis Carroll（1832-1898）小說裡的愛麗絲所遭遇的情形非常相像，所以英國精神醫學家John Todd（1914-1987）在1955年就以「愛麗絲夢遊仙境症候群」（Alice in Wonderland Syndrome）名之。

在教育學上，我們也可觀察到，人們會因為偏執某種思維模式，而使所見事物的真實樣貌產生系統性的扭曲或改變：某類事物的價值或重要性被自動放大；另類事物的價值或重要性卻被全面性縮小；有些不存在的視之為「實在」；有些存在的卻又視而不見。

　　本章所關心的，乃是當代臺灣教育長期處於獨尊「計算性思維」（calculative thinking）和缺乏「詩性思維」（poetic thinking）的狀態下，所產生的價值錯覺和「實在」辨識困難的現象，這連帶的也使得許多立意良好的教育改革行動，不可免地淪為一種錯覺複製的悲劇。每次「改革」，代表又一次「輪迴」——情節雖異，悲苦相同。

　　以下先根據Michael Bonnett的理論，說明何謂「計算性思維」和「詩性思維」，並解釋詩性陶養的重要及詩性教學的內涵，最後舉例說明臺灣的教育改革如何在沉迷於計算性思維和匱乏詩性思維的窠臼中，封閉成功之路。

計算性思維

Bonnett（1994, p. 134）從「對待事物的立場」（their stance to-wards things）和「引發的情感和企圖」（the feelings and aspirations that they elicit）等兩個面向，來說明計算性思維的特徵。

就計算性思維「對待事物的立場」此一面向而言，Bonnett認為其有「熱衷自我目的」（self-purposeful）、「目標導向」（goal-oriented）、「從代表何種待解決問題的角度來分析事物」（analyses things into problems to be solved）、「將事物轉化為可管理而熟悉的明確對象」（turns things into defined objects-manageable, familiar）等四項特徵。計算性思維的人，滿心都是完成自我計畫的衝動，因此難有心思理解外物；一切活動都在確保計畫目標能快速而有效地完成；而在完成自我目標的過程中，外物往往只是工具、待解決的問題或挑戰；最後為了便於管理和熟悉外物，則必須盡可能使其明確化。這種出於操控立場的活動，注重環境的解釋、預測、量度和控制，強

調以明晰的範疇來分類和標準化地界定事物；換言之，外物只是思考和分類範疇運作的對象，此時人所見到的，只是事物在預設範疇中呈現出的面貌，其餘皆不存在或不值得注意，封閉了對事物多元、完整面貌之觀察或欣賞的管道。如此，使人陷入「花非花」的狀態——亦即花只象徵某一種屬、具有某些外在特徵、某種農藝革命的產物、藥物或商品的資源，然而卻非其自身，無法現出本眞樣貌。

就計算性思維所「引發的情感和企圖」此一面向而言，Bonnett認爲有「分類、定序、澄清事物的滿足感」（satisfaction as a result of sense of sorting things out, getting things ordered, made clear, transparent）、「影響事物」（effects things）、「尋求控制」（seeks control）、「提出（事實）陳述」（makes statements）、「探求能判別正誤的眞理」（seeks truth as correctness）等五項特徵。因爲計算性思維追求分類、定序、澄清事物的滿足感，因此無法分類、定序、澄清的事物，往往受排斥，甚至認定爲無價值。計算性思維以能影響或改變事物的活動爲有價值，不能產生這種作用的活動，傾向被視爲無益於人生；換言之，計算性思維注重「有所爲而爲」，否定「無所爲而爲」的活動。計算性思維也熱衷於控制，凡無法預測、判別、測量和操控的，即視之爲危險、落伍或混亂。再者，計算性思維好於針對事物提出自認爲符合事實的宣稱，同時認定陳述事實的語句才是有意義的，而不陳述事實的語句則代表不科學——只是一些囈語、幻想或感傷主義的陷溺。依據這種立場，月亮可能只代表某種物理性的存有，不可能跟「故鄉」有任何眞實的聯繫，因此李白〈靜夜

思〉裡，「舉頭望明月，低頭思故鄉」的情思，計算性思維的人或許難以產生高度共鳴。最後，對於計算性思維的人，「眞理」代表唯一正確的敘述，那些不能判別正確或錯誤的事物，對計算性思維的人而言，歸屬於眞理空無的範疇，不值得嚴肅探索。

教育思潮中，Hebert Spencer（1820-1903）〈何種知識最有價值？〉（What knowledge is of most worth?）一文所建構的課程觀，可說是計算性思維的教育經典版本：而現代教育活動裡，各種追逐排名、競賽、證照或收益的辦學熱潮，也大多有濃濃的計算性思維。從背景淵源觀之，這些都是大時代風潮的一部分，遺憾的是教育不能改變或改善之，反而被淹沒、同化，甚至產生助長的作用。科技發達和工業革命強化了物質主義和消費文化的浪潮，激起人們求多、求快、求利的渴望，因而鞏固了計算性思維的地位。爲了「多、快、利」，人類剝削、挑戰萬物，並由此而產生無數災難，對於這些苦難，人們雖有驚愕，卻能快速失憶，飛蛾撲火似地又急奔回計算性思維的老路。迴避或漠視這個問題根源，使一切改革，始終停留於浮面，難讓人感覺生命更加幸福美好。而改革如果不是爲了幸福，難道是爲了「競爭力」、「財富」或「排名」嗎？

快速的現代雍容，散盡後，何去何從？

　　兩個世紀之前（早Spencer大約半個世紀）出生的英國詩人William Wordsworth（1770-1850），在其著名詩作〈這世界太沉重〉[1]（The world is too much with us）裡，警示工商革命帶來的物質主義和消費文化，將造就一個人類性靈無法承受的生活世界。他指出（Wordsworth, 1807），無論是過去或將來，人類都沉迷於「獲取和消費」（getting and spending）的活動，以致白白浪費了天生許多能力，不再能和「自然」（Nature）建立密不可分的聯繫，遺失了性靈。工商發展看似人類之福，卻有陰暗險惡的一面，所以，Wordsworth稱之為「卑劣的恩賜」（a sordid boon）。獲取這個「恩賜」之後，人類變得不再能從風、海以及大自然中的一切尋得性靈的滋養

[1]　Wordsworth這首詩的全文如下：

The world is too much with us; late and soon,

Getting and spending, we lay waste our powers:

Little we see in nature that is ours;

We have given our hearts away, a sordid boon!

This Sea that bares her bosom to the moon;

The Winds that will be howling at all hours

And are up-gathered now like sleeping flowers;

For this, for every thing, we are out of tune;

It moves us not—Great God! I'd rather be

A Pagan suckled in a creed outworn;

So might I, standing on this pleasant lea,

Have glimpses that would make me less forlorn;

Have sight of Proteus coming from the sea;

Or hear old Triton blow his wreathed horn.

及慰藉。對許多現代人類而言，海和風都只是物理對象，有待分析、解釋、預測、控制和征服；且大自然裡，也絕對沒有希臘神話中那個從海面上奔騰而出、善於幻化變身的海神之子Proteus，和吹奏海螺號角平息風浪的Triton。Wordsworth感嘆地說，與其信奉統一的基督宗教，寧可信仰古希臘多元的自然神明，因爲作一個這樣的「異教徒」（pagan），才不會感到孤獨。Wordsworth批評的統一宗教，表面上是基督宗教，實則是暗示植根於計算性思維的科技主義、物質主義和消費文明，而「異教」信仰則是承認萬物有情、獨特、多元且值得親近和尊敬的詩性思維。

詩性思維

　　就如對計算性思維的分析，Bonnett也從「對待事物的立場」和「引發的情感和企圖」等兩個面向來說明詩性思維的內涵。

　　Bonnett認為（1994, p. 134），在對待事物的立場上，詩性思維對萬物表現出：「歡慶態度」（celebratory）、「開放好奇」（openly curious, wondering）、「直觀事物整體並接納其原貌」（intuits the wholeness of things and receives them as they are）、「接受事物的殊異性」（stays with things in their inherent strangeness）等特徵。「歡慶態度」是對萬物的接納、欣賞和感激，也是能啟動「開放好奇」的心向：萬物不是合乎人類目的或要求，才有價值，在人類的目的和觀看方式之外的世界無限豐富，而這事實不僅映襯人的渺小，也暗示一個開放自我之後才能領受的恩賜。

　　Bonnett指出（ibid., p. 190）：「……相對於運用固定範疇來觀看對象的方式，如實向事物原貌開放的作法，涉及否定的領會

（*awareness of negation*）。」只要細心留意，我們將發覺，事物總有未受注意或視域之外的面貌，這些未知或超乎表面知覺的形象，和已知的同樣眞實，甚至更加眞實。採取特定觀看事物的方式，代表喪失別的觀看或揭顯事物的其他可能性。也因此，Bonnett認爲（ibid.）：

> 完全向事物原貌開放，涉及否定的領會——亦即對事物原本臨在，但未在吾人目前理解方式中顯現之面貌的覺察。唯有如此，萬物的本然殊異性才能恢復、保全——這對事物之統整性至爲重要。就此而論，即便是最熟悉的事物，也有神祕未知的面貌。

例如，一朵花挺立於這個世界的「簡單」事實，仍有其神祕、超乎吾人理解的部分。Bonnett指出（ibid., p. 191），這種神祕和不可思議感，有時會在我們長時間凝視、直觀一物之時湧現，那一刻我們發現自己用來分類和認知事物的公共標準開始鬆動，不再具備有效作用，取而代之的是事物本身煥發臨在的形象——莫測高深、叫人驚奇。Bonnett認爲（ibid.），此時「眞實的領會，源於否定的理解」（an awareness of what simply *is*, arising out of what is *not*），但這種經驗在日常生活中是較少見的，因爲人們忙於目標導向的生活，爲了穩定操控世界，經常陷溺於嚴格分類的思維模式裡。就此而論，詩性思維「直觀事物整體」、「接受事物殊異性」的特性，實可用於補救前述偏失。

在「引發的情感和企圖」這面向上，Bonnett認為（ibid., p. 134），詩性思維有「（對萬物的）神祕、敬畏、驚奇、著迷和冥通之感」（sense of mystery, awe, wonder, fascination; evokes feelings of attunement）、「領受事物影響」（affected by things）、「承認自身脆弱」（allow itself to be vulnerable）、「傳頌實在」（'sing', 'says' what is）、「尋求具有揭示力的真理」（seeks truth as revealing）等特徵。Bonnett（1998, p. 369）運用M. Heidegger（1889-1976）的觀念指出，傳統的科學和邏輯觀，將蘊藏豐富面貌的生動「事物」（things），視為具有固定屬性而可以客觀、精確且抽象地加以分析或透視的「客體」（objects），換言之，任一事物都是與同類具有一致樣式和性質而沒有獨特個性、不再有新的可能的「成」（ready-made, finished）物[2]。更進一步言之，由於分類是計算的前提要件，亦即不能分類就難以計算，是以人類為了計算，產生了各式各樣分類的活動；然而分類既是強制分別，也是強制同化的抽象化行為──把不同類別之間的相似性和同類別事物的相異性同時淡化或抹除，這雖能幫助人看清一些表面齊一的客觀現象，卻會與觀察或探究的事物疏離──物的獨特性、存有史[3]、情感和靈性經常因此隱而不顯。計算

2　日常人們所講的「成」藥、「成」衣，都有這個意味。

3　臺東的金城武（茄冬）樹在2014年的麥德姆颱風過後連根拔起，激起搶救的呼聲和快速的營救行動，甚至請來日本天皇御用樹醫山下得男前來協助。這棵茄冬樹如果不是有與金城武和伯朗咖啡廣告片拍攝團隊邂逅的存有史，恐怕只會在這次颱風過後成為被清除的無數路樹之一，無人在乎它是否被搶救、能不能「脫險」。這裡的「在乎」是因為人們的詩意或詩性思維普遍被引發後才發生的，我

性思維主控時，人類只對「類別」回應，不對「個別」回應，因為此時見到的事物只有「類性」而無「個性」，所以人們既無意也無力回應個別事物的多元差異性，這時人與萬物進入無情感也無內在聯繫的狀態。相對的，詩性思維源自於前述所謂「否定」經驗，亦即感受成規和分類範疇失效的時刻。在此狀態下，既有認知標準是癱瘓的，但卻更能使人覺察萬物的奧祕，進而對其「敬畏、驚奇、著迷」。這種經驗，讓人領會自身的有限，激發進一步探索實在的衝動和責任感，而這實在的完整把握，單由計算思維的運作不能克竟其功，需要直觀、冥思、想像甚至是與探索的對象朝夕相處等開放進路的輔助，才有達成的可能。科學實驗和邏輯論證等計算性思維不能深入瞭解的，詩性思維卻可展開溫暖雙臂予以緊緊擁抱、體會，許多奇蹟也因此不再被拒於千里之外。港口倉庫變身藝術特區、停機坪化作熱帶雨林、街友擔任導遊、左右鞋不對襯設計等等，都是令人驚豔的蛻變，而這些改變的發生，只有啓動詩性思維、體會否定的肯定性之後，才有可能。

詩性思維知覺萬象的神祕、多采多姿，因而較容易以開放態度「領受事物影響」，此也開啓向萬物學習之路。當世人讚嘆西班牙建築大師高第（A. Gaudi, 1852-1926）的驚人技藝和天分時，高第卻認為自己只是大自然（和上帝）的模仿者，而非創造者。在其最受推崇的建築傑作「聖家堂」（Temple Expiatori De La Sagrada Família），

們由此也可稍窺詩性思維的重要性。

高第大量採用得自大自然的靈感，例如樹根型的支柱、樹葉波浪狀葉形的屋頂排水設計、海螺內部旋轉紋造型的樓梯等。

　　萬物之神奇、不可測，也讓詩性思維的人「承認自身脆弱」，這是有限性的深刻體會，由此可瞭解接納萬物以及與萬物合作的重要。Bonnett（1994, p.131）借Heidegger的例子來解釋詩性思維的這個特質，指出傳統社會裡，工匠製作聖杯時，扮演的是類似「創造性產婆」（creative midwife）的角色，聖杯不是工匠的創造物（就像嬰兒不是產婆的創造物一樣），而是工匠與各種力量協作之下完成的；工匠只是協助將一個已然存在的事物接引、呈顯出來而已。工匠不但要認識、琢磨素材，也要對傳統及文化等諸元素細心把握，因為聖杯的形貌並不是預先設定好的，而是工匠與前述諸多力量不斷互動回應後，才能顯露出來。聖杯的創造性，取決於工匠對各種元素的「接納性」（receptivity），亦即工匠要能感知各種元素的力量和價值，與之「合作」（work with），而非只是一意孤行地在事物上「施作」（work upon）。相對的，現代科技通常自豪於能對事物展現任意的要求和宰制，注重在預定的流程下，高效能的完成製品，將包括自然在內的一切事物，當作純粹的資源提供者，輕忽對素材的理解、回應，只關心如何以最小付出，得到最大效益。當代農業就是以這樣的態度來進行動植物的培植，其引發的各式各樣的危機紛至沓來，令人觸目驚心。最令人憂心的是，似乎有越來越多的聲音，要求或鼓勵將人視為一種「人力」（manpower）資源，每個人化約為某個數量的同質單位，以便於不考慮個性和變數地快速交換、轉移、計價。包括

教育在內的許多人類重要活動，似乎都難逃這種單位化、一致化的風潮，從目前學校內外統一的排比系統以及套裝課程盛行的現象，即可窺見當前教育詩性思維匱乏的冰山一角。

詩性思維對實在或真理的描寫，不像科學家或數學家那樣重視「正確」或可客觀考驗真假的命題，而傾向於採用藝術家的方法：帶著情感的「讚頌」（sing）、「敘事」（say）和「揭示」（reveal）。Salvador Dali（1904-1989）在〈記憶的永恆〉（The persistence of memory）這幅畫作裡，不描繪真實或正確的鐘，而使用乳酪般融化中的鐘，來表現、揭示深埋於潛意識裡，感嘆美好時光不再的無限哀痛。Pablo Picasso（1881-1973）的〈亞維儂少女〉（Les Demoiselles d'Avignon）這幅畫中，幾個女孩戴著非洲面具，也不是真實戴著的面具，而是性情的象徵，重點不在客觀可見的符號，而在其揭示的內在真實。莊子的〈逍遙遊〉裡，講著身長幾千里的鯤魚和大鵬，也描寫了小麻雀、寒蟬、靈龜和女神，這些都是隱喻，不在宣示客觀正確事實，而在開顯無窮意境。本文開端引述Friedrich Nietzche（1844-1900）批評蘇格拉底（Socrates, 469-399 B. C.）之後獨尊理性辯證的一段文字，在Nietzche的觀念中，理性辯證難以證明什麼，卻武斷地否定了許多珍貴的東西[4]。Nietzche用行動來說明理性辯證之外，還有其他深入人心、顯示境界的路徑。他的名著《查拉

---

[4] Nietzche將喜好理性辯證的人稱為「阿波羅式的人」（the Apollinian），這種人生活僵硬，難以接受新的可能性，不適合變動的時代。Joosten（2013）則認為這種人在教學上傾向於採用威權模式。

圖斯特拉如是說》〔*Thus spoke Zarathustra*〕採文學敘事形式，大量使用隱喻，其中有關「駱駝、獅子和兒童」之精神三變的描寫，即為著名的例證。

　　大體而言，計算性思維著重外顯、確定、統一、可控制、可估量的性質；詩性思維則關懷內在、神祕、獨特、多變及流動之現象的意義。莊子在〈德充符〉篇裡，描述叔山無趾求見孔子的經過，可以用來與此作類比：

> 　　魯有兀者叔山無趾，踵見仲尼。仲尼曰：「子不謹，前既犯患若是矣。雖今來，何及矣！」無趾曰：「吾唯不知務而輕用吾身，吾是以無足。今吾來也，猶有尊足者存，吾是以務全之也。夫天無不覆，地無不載，吾以夫子為天地，安知夫子之猶若是也！」孔子曰：「丘則陋矣。夫子胡不入夫，請講以所聞！」無趾出。

叔山無趾是魯國人，因為犯罪判刑而被砍去了腳趾頭，有一天用腳跟走路前來求見孔子，孔子卻搬出堂皇的儒家標準，指責他行事不慎才會失去腳趾頭，如今來求見，為時已晚，有何用處？叔山無趾聞言表示，自己過去確實無知，所以失去腳趾，然而這次求見孔子，並不是為了自己的腳趾，而是為了保全更珍貴的東西（即德性），原以為孔子和天地一樣寬大慈悲，必定會接納、教導自己，不料竟這麼嚴苛。如果以計算性思維和詩性思維的對比來分析這個事件，則孔子看重的有形腳趾，恰如計算型思維注重的外在確定事物；叔山無趾欲保全的

德性，正好似詩性思維關心的內在精神以及隱微不顯的實在。孔子畢竟是聖人，察覺自己的乖謬之後，立刻向叔山無趾致歉，並誠懇地邀請他一起討論，可惜叔山無趾過度失望，兀自轉身離去。當前熱衷計算性思維的人，如果能像孔子一樣敏銳，就能看清自己的困陷；而認識詩性思維之重要性的人，若有展示詩性價值的耐性和雅興，就不會像叔山無趾那樣失望離去。

為了更明晰地呈現計算性思維和詩性思維的對比特性，茲以表一對照顯示如下（Bonnett, 1994, p.134; 周愚文，2003，頁392）：

表一：思維特性對照表

特性＼類別	計算性思維	詩性思維
對待事物的立場	熱衷自我目的	歡慶態度
	目標導向	開放好奇
	從代表何種待解決問題的角度來分析事物	直觀事物整體並接納其原貌
	將事物轉化為可管理而熟悉的明確對象	接受事物的殊異性
引發的情感和企圖	分類、定序、澄清事物的滿足感	（對萬物的）神祕、敬畏、驚奇、著迷和冥通之感
	影響事物	領受事物影響
	尋求控制	承認自身脆弱
	提出（事實）陳述	傳頌實在
	探求能判別正誤的真理	尋求具有揭示力的真理

（本表譯自Bonnett, 1994, p.134）

　　這兩種思維在一般人的生活中，並非全有或全無的狀態，而是程度的問題，亦即是倚重倚輕，有的人較偏向計算型思維，有的較貼近詩性思維[5]。然而Bonnett指出（ibid.），科技當道的現代社會裡，計算型思維居於主導地位，對許多人來說，詩性思維與實際生活完全脫節、陌生、老舊、無益，偶而為之無傷大雅，將之用於日常生活則是濫情的浪漫遊戲，也是落伍、不上進的象徵。如此誤解、漠視詩性思維的結果，不僅加速破壞「安居」（dwelling[6]）的物理環境，也阻斷了精神達於幸福之路。有識之士從當前人類危急處境中，應可見出詩性陶養的迫切性。

---

[5]　例如要不要跟電信公司解約，有的人主要考慮費率和通話品質的問題；有的人則「離情」依依，雖然得不到好的服務，卻不馬上放棄，極盡勸說、挽回之能事，努力了好幾年，最後不得已要放棄「關係」，還寫了給電信公司的「離婚宣言」。在這例子裡，前者重計算型思維，後者則有濃濃的詩趣。

[6]　參見Heidegger（1971, pp. 213-229）。

詩性陶養

　　誠如前文所言，獨尊計算性思維的結果往往是失去無所為而為的興趣和能力。抱持有所為而為的心態時，「所為」之外的一切，若不是無益即是有害，而「所為」之內者，也只是工具，如此觀點下所理解的世界，若非完全失真，至少也是嚴重扭曲，容易使人陷入執著不化、壁壘分明的意識型態，遭遇問題時，提出的解決之道，往往在未解決問題之前，就先製造化解不開的新問題。荀子在〈解蔽篇〉言及：「人何以知道？曰：心。心何以知？曰：虛壹而靜。……虛壹而靜，謂之大清明。」心虛靜，無執著，故能敞開接納和回應萬物之門，由此看清實在，並藉由不間斷的互動、冥通，發展與萬物相連、有機且有情的存有，認知和性靈同步滋養、提升。Bonnett指出（ibid., p. 138），「詩性思維所提供的完滿感[7]（the sense of whole-

---

[7] Hansen（2004）也認為，詩性教學可統合美感、道德和認知等三個向度的關懷，培成完整發展的人。

ness），或許是個體幸福感（our sense of personal well-being）的根本。」Bonnett引述William Barrett（1913-1992）的一段話來註解自己的觀點：

> 我常在住處附近的森林裡散步。假如有天下午我在森林裡散步時不停地思考，而回來時有人問我：「你思考後有沒有解決什麼問題呢？」我會說：「我不是在進行哪類思考，我只是沉思默想，導引自己回歸自身和自然。」每當這樣沉思後，我感覺自己健康完滿了許多。不過也許有人會認為：「那真是奇怪，他說自己在思考，結果竟然沒有思考任何問題，也不計算任何東西。」（Barrett, 1978, p. 72）

如果思考只是為了解決問題和計算事物，那就是十足的計算性思維，而計算性思維與科技主義、物質主義及消費主義的緊密共生關係，往往將人封閉在「消費、計算、占有」的無窮循環裡，一刻不停止地傷害自然和人際關係，最終走向性靈空洞的虛無存有。

落日旋律，是歌聲，亦是沉思

Bonnett認為（ibid., p. 139），「詩性思維最核心的特質，乃是開放性（openness）和回應性（responsiveness）」，因為如此，詩性思維的陶養正可補救偏重計算性思維所產生的前述種種缺失。Martin Heidegger（1889-1976）也抱持這種觀點，他說（Heidegger, 1971, p. 215）：

> 詩讓我們真正安居。但我們靠什麼才能得到安居的環境呢？藉著陶養（building）。詩的創作使人安居，其本身就是一種陶養。

為什麼詩的創作有利於陶養呢？Heidegger認為（ibid., p.216）：

> ……人真誠聽從語言呼喚而有回應時，會運用詩的元素來敘事。越有詩性的詩人，其敘事越是自由（亦即，更能開放和接受那些預想不到的）——他對日漸費力[8]的聽眾們提出的敘事越純粹，就越遠離只關心正確或不正確的單純命題語句（the mere propositional statement）。

8　「費力」是由'painstaking'一字翻譯而來，有費力、費心、勉強、勤苦等意義，在此Heidegger似乎暗指崇尚客觀「命題語句」的世界，讓人處於越來越痛苦的聆聽環境。難怪A. MacIntyre說（2002, pp. 9-10），人人都應學習說故事的能力，因為不諳說故事之藝術將使人成為「說話無聊的人」（conversational bores）；而好老師的指標之一，就在自己不是無聊人，而且也不讓學生成為無聊的人。

「單純命題語句」只顯露世界的某個面向，如果以為這個面向可以完全代表實在，無疑是一種無知，也是對神祕不可測之元素的漠視和拒斥。Heidegger指出人（mortals[9]）生存在天（sky）、地（earth）和各種神奇力量或神明（divinities）間，要安居必須同時保全「天、地、神、人（包括自我和別人）」四者，讓四者統一（oneness）而不分裂。Heidegger稱這種統一為「四重性」（the fourhood），又說（ibid., p. 150）：「人藉著安居的作為達致四重性，而安居的最根本特性乃是愛惜（to spare）和保全（to preserve）。」依Heidegger之見，安居者愛惜大地，不僅搶救大地，使其免於危難，也讓大地自由生長，展現自我風貌，免受宰制、剝削或壓榨；安居者擁抱、接納天空，任日、月、星辰及四季自在運行，不將黑夜化為白晝，不使白晝擾攘不息；安居者等候真神，不接受虛妄訊息而自立神明或膜拜偶像，在極度不幸中能耐心等待恩賜，在期望中靜候神明展示不可思議的奇蹟；安居者引導自我（也協助別人）善用有限生命之天性，以得善終。四重性的維持有待宇宙萬物關聯性之認識及多重密切而良好關係（人與地、與天、與神明、與自我、與他者）的建構，脫離競爭、鬥爭、壓榨和控制的邏輯。計算性思維正因為捨棄四重性，所以無法成為愛惜和保全生活世界的有效力量，使人失去安居的處所。Heidegger主張詩可使人安居，其道理就在詩能啟發安居思維；而安居思維和詩性思維有密不可分的關聯性。

9　Heidegger用'mortals'這個字來代表人（human beings），因為人的生命有限，而有限生命也是人的存有最為關鍵的特性之一。

　　Bonnett（1994）承繼Heidegger的思想，認為啓迪詩性思維的關鍵在於提供能引發驚奇和想像力的偉大藝術、自然或人造物，給予學生充分時間自由地探索、體驗，並在相互分享感動的歷程中，一起進入詩意的世界。再者，Bonnett認為，教育者本身是不是具備詩性思維也有關鍵影響，因為詩興和詩性很難在說教、勉強的環境裡發展；教育者如能在行止間顯露濃濃詩意，則學生在詩興盎然的氛圍中，可潛移默化地孕育詩性思維。

詩性教學

　　教師若欲藉詩意和詩興來陶養學生的詩性思維，則其展現之最重要場域莫過於教學現場，換言之，詩性教學乃是培育詩性思維之核心關鍵。Bonnett（ibid., p.178）指出，教育思潮長期處於傳統主義和進步主義爭鋒的狀態，前者重視客觀公共知識，後者強調學習者的知覺意識，兩者形成兩極對立，而各種試圖調和兩者的企圖，卻往往不自覺地傾向某一極，致使努力落空。在Bonnett的觀念中，這些失敗主要源於忽略詩性思維的智慧——亦即未能重視開放性和回應性之互動關係。人的學習來自經驗，而經驗無一不是主體意識和外在事物互動後的結果，亦即，一切經驗都是某種特定關係模式的結晶或顯示；脫離關係脈絡將難以描述經驗（包括學習經驗）。由此觀念出發，可知一個課程預先設定教師、學習材料或學生必須有何種表現或內涵，乃是漠視好的學習（和教學）經驗只有在多重動態關係中才能確立的事實。當前盛行的教學評鑑，往往強調清晰目標和達成標準，追求一切操作透明、簡潔，以利計算考核，此種計算性思維的典型作法，經常

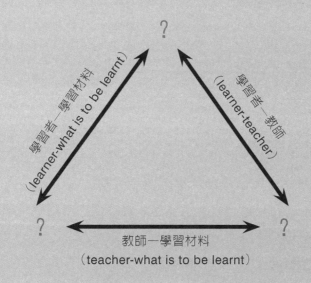

圖一　教學三元關係（取自Bonnett, 1993, p.179）

使教與學的真實情況隱而不顯，其焦點只在有無符合目標、標準是否達成，至於教者與學習者的心靈狀態如何，通常乏人聞問。事實上，教學三元素（即教師、學生和學習材料）的任一者應如何，必須考慮其與另外兩元素之真實交互關係後，才能確定。Bonnett以下圖表示教學的這種三元關係（the triad relationship）：

Bonnett上述教學三元關係概念的價值，就在彰顯學習者、教師和學習材料都不是孤立的存在：學習者必須是和學習材料或教師產生互動關係的存有，否則便不再是學習者；不與學習者或學習材料回應互動的教師名存實亡；與學習者或教師脫節的學習材料，形同無物。所以在上圖中，三角形的三邊不是分別由個別的學習者、教師和學習材料來代表，而是由三組關係構成，每組關係和另一組關係交會時，即構成三元關係，在這種關係裡需要詩性思維和四重性所注重的開放、回應、關聯的特性，以成就多元、適性而不受限定的學習樣貌；上圖三角形的三個頂端所代表的三元交會處都以「？」來表示，就在象徵三元交會所可激盪出的無窮可能。

重視三元關係的教學是具開放精神的詩性教學，容許學生和教師依循自己的軌道、設定自己的目標，並隨著情境需求調整步伐。這種教學裡的教師對學生兼重接納和挑戰。接納是指重視學生內在聲音的傾聽，除了和學生一起探索其關注的事物所蘊含的問題及可能性，同時也挑戰學生，鼓舞其認識並追求自身關注之事物所代表的無限可能，而要完成這項任務，教師往往也必須引導學生領會文化、傳統及各種事物所揭示的豐富實在，激勵（而非要求或命令）其回應之，以

求更全面而深入地瞭解自己所欲完成的事物所涉及的複雜面貌，如此或可在維持熱情的狀態下，理智而堅定地進行有價值的學習。Bonnett這種詩性教學觀，隱含幾項重要預設：第一，相信每位學生都有神祕而不可預測的潛力，且願意爲自己生命的美好而努力；第二，以學生關注的事物爲教學起點，注重學習的主體性以及和生命的眞實關聯性；第三，引導學生回應文化、傳統及各種事物的挑戰，以汲取完成生命發展任務的養分，呼應了四重性之陶養在教學中的關鍵性。詩性教學裡的師生關係，因此是對話的、合作的、共學的。學生「透過回應及接納能力之增強，與萬物有了更爲緊密的關係，並由此得到解放」（Bonnett, ibid., p. 183），這種解放是來自行動能力增強後的「積極自由」（positive freedom），而非停留於免除干預或限制的「消極自由」（negative freedom）。Bonnett總結地說（ibid.）：

> 依前述方式，教學可成就所謂「詩性陶養」（poetic building）—— 其展現的是尊重與和諧而非操縱和強迫。這種教學的核心關注乃是個體如何由自己與世界的關係，以及彼此之間的歸屬感裡，達成有機發展（organic growth）；而不以外在準則一成不變地對待他們（process them）。雖然如此，這種教學也同時關注如何協助個體親身感受必須思考面對的事實，以及各種和諧及衝突狀態。

換言之，接受詩性教學陶養的個體，能在認清實在的前提下，透過與世界及他人建立起的有情互動關係，得到健康、積極、持續而幸福的成長。

教育改革的緊箍咒

　　強調詩性思維和詩性教學的重要，並不是否定別的思維取向的價值；確實，如同前述，詩性思維的優點就在於能接納「否定」面向，並從中尋取突破舊觀念的契機。Bonnett特別指出健全理解力的培育需要同時考慮多面向思維能力之開展，計算性思維（強調計量、分類、實效）、眞誠性思維[10]（authentic thinking，注重主體內在聲音）以及詩性思維（珍視開放性、回應性、關係性）各有不同特性，各具探索眞理之價值，同時在不同情境也有不同的適用性；三者雖有分別，卻也有重疊；一般人可能傾向某一種思維取向，卻少見完全捨棄其餘思維模式的存有狀態。

　　但前文亦指出，現代社會裡的人受科技主義、物質主義及消費主義之影響，無疑的是過度偏向計算性思維，甚至成了Herbert Marcuse

---

[10] Bonnett在《兒童思維》（*Children's thinking*, 1994）一書裡，有專章討論眞誠性思維的內涵，限於篇幅，本文不在此深入探討此一面向的思維。

（1898-1979）所稱之「單向度的人」（one-dimensional man）。可惜的是教育在這方面，並沒有發揮有效的正向影響力，反而受這股趨勢任意擺布，失去主體性，最後成了爲其搖旗吶喊的先鋒。近年來臺灣在教育改革上的挫敗，很重要的根源之一，就在過度遷就或執迷於計算型思維，忽略與眞實生命緊密關聯的詩性思維。

　　舉例言之，教育部爲了改善國中教師「有效教學策略」及「適性評量」等項智能，聘任學者錄製數位課程，並要求每位教師上網研習，事後接受測驗評量以展現研習成果。這種模式的缺點，在於課程內容非互動式，完全無法顧及或回應研習教師之差異；其次，節目裡邀請來的學者們呈現課程內涵的方式，受限於時空等眾多因素，大多顯得拘束、生硬，缺乏吸引力。於是，教育部辛苦努力，耗費無數人力、財力的結果是，以「無效教學」和「一致化評量」的內涵，試圖教導國中教師如何「有效教學」及「適性評量」，其成果將如何，實在可想而知。更令人訝異的是，研習測驗題中，竟有類似「XX教學法，是哪一科的教學提出的有效教學法？」此類題目的用意，似乎只是在瞭解研習教師們是否確實聽講，控制性和工具性濃厚，不僅不尊重研習教師，也缺乏嚴謹的認知意義。整體言之，這類研習明顯缺乏Bonnett所謂的教學三元關係以及詩性思維的開放性與回應性。

　　教育部另一項有關教學改革的重要措施「補救教學」方案，也有類似前述的缺失。目前教育部要求國中學生經測驗鑑定爲學習低成就者，應參加國、英、數三科的補救教學。此一方案立意良善，然而執行方式仍然未充分考慮到教學的三元關係特性。最關鍵的問題是，這

個方案將補救教學的實施限制在學科上，而那些被判定要接受補救教學的學生，卻大多數對這些學科的學習無心亦無力，勉強他們補救難以有效補救的學科知識，不符其需求，也未考慮其感受；到頭來，本意在達成學習正義的「補救教學」，對他們而言卻像是「補救懲罰」了。補救教學的設計如果更有開放性，讓修習的孩子有機會選擇術科或藝能科目，或許更能貼近其生命關注的事物，而由其關注的事物出發的教與學，似乎更有機會協助學生在原本需要補救的學科內容的學習上，取得更為有效而持久的進步。就此而論，教育部對「帶好每一位學生」的觀念和方式，可能有重新思量和定位的必要。

接著讓我們將焦點轉移到臺灣的高等教育，審視主宰了臺灣高等教育近二十年的「頂尖大學計畫」和「前進百大」這兩項「雙胞胎」運動。為了「前進百大」這個目標，教育部隨之推動「頂尖大學計畫」，而為了「客觀」評比哪些學校有資格進入頂尖大學之列，並據以分配數以百億計的補助經費，教育部特別強調大學師生的國際研究論文發表數量及國際競賽成績。於是大學教師熱中國際論文發表且發表數量多的，儼然成了眾人心中「真正」的教授，享「厚祿」、減免教學時數，並有多項福利之優先權，創造出校園裡呼風喚雨、不可一世的「菁英群」；另方面那些因為研究學科性質、大學理念或種種因素，而無可觀數量之論文或競賽成果的教師，不僅落居邊陲，連在教學上奉獻耕耘的機會都岌岌可危。也就是想認真於教學的大學或老師，不再能認真教學；而留在大學教育行列裡，所謂卓越頂尖的學校或教師，卻無心教學。到最後，臺灣「頂尖大學」有「落伍教學」，

「前進百大」後「教改白搭」，就不令人意外了。目前若干教育領航者（包括大學校長們）赤裸裸地獨尊計算性思維的行徑，幾乎已經讓臺灣的大學教學品質到了重建乏力的「回不去」關頭。與此同時，令人困惑的是教育部在新制高中入學方案上，卻一再強調「特色」高中的重要，殊不知銜接高中的大學教育，早已經為了完成「前進百大」的目標，而統一在「不能有特色」的狀態了。

幸運的是，臺灣還有一些教學改革活動，在根本精神上是不被計算性思維完全控制的。近來有些學者結合地方教育當局在各級學校裡推動的佐藤學「學習共同體」即為一例。在佐藤學的教學理念中，可以見出與詩性思維深刻契合的思維。佐藤學認為，學生的學習無法有效展開的原因在於陷入「勉強」的狀態，他說（佐藤學，2012，頁58）：

> 　　對我而言，「勉強」與「學習」的相異點，在於有無「相遇與對話」。在「勉強」中，不會遇見任何新事物也不會與任何人交談；相反的，「學習」是經營與人、事、物的相遇與對話，也是與他人思考或情感的相遇與對話，更是與自我的相遇與對話。

佐藤學在此所言之「相遇與對話」，可謂詩性思維之開放性及回應性等兩項核心特質的化身。佐藤學並在另一闡釋學習理念的段落中，顯現出詩性思維內蘊的「關聯性」或「四重性」。他這樣解釋漢字的

「學」一字（佐藤學，同前注）：

　　「學」字上半部的中心包含兩個「ㄨ」，表示交互
關聯的意味。上面的「ㄨ」，代表與祖先之靈的交互關
聯，也意味著學問、藝術或文化的關聯；相對的，下面的
「ㄨ」則表示與朋友同伴的交互關聯。換言之，沒有交互
關聯，則學習無法成立。

確實，當我們發覺與某些事物有著緊密的內在關聯時，學習或認識
這些事物的動力才有穩定的基礎[11]。也因此，佐藤學說（同前注，頁
61），在學習中感到深度空虛而禁不住逃走的主因，乃「在於對其
他人事物的漠不關心」。而我們是怎麼失去和世界的關聯，進而覺得
外在一切與我無關呢？如果佐藤學所說的這個「逃學」深層理由是正
確的，我們就得認清人究竟是如何與世界「失聯」的，否則難以強化
學習朝氣。佐藤學認為，前述「失聯」狀態的形成，是因為我們生活
在「勉強」裡，他指出（同前注，頁64）：

---

[11] Nel Noddings從教學角度出發，也提出類似觀點，她認為教學完全是一種關聯關係
　　的建立，而且它的許多價值也明顯展現在關聯關係上（2003, p.249）。

　　「勉強」的世界，是爲了將來而犧牲現在，以獲得
財富、地位、權力爲代價的世界。因此在「勉強」的世界
中，人與人切斷了關聯，人與人建立競爭，人與人追求支
配及服從的關係。這種世界的愚蠢，孩子們早已清楚明
白。

佐藤學在此所謂「勉強的世界」，事實上就是本文所稱獨尊計算性思
維、執著於「有所爲而爲」的生命情態，並匱乏詩性思維。喚醒詩
性，人與世界才能找回有情的內在聯繫，對世界的好奇、開放及探索
興趣，才有強大根基。佐藤學認爲「勉強」世界的愚蠢，「孩子們
早已清楚明白」，然而這種觀點似乎過度樂觀，因爲目前我們見到
的是一代又一代承繼並沈溺於「勉強」思維的現象，所以實在不能
確定「孩子們早已清楚明白」其危害；而佐藤學主張活動式學習和協
同學習有助於改善學習「冷感」的想法，雖爲正見，卻並未完全觸及
Bonnett所謂詩性思維或者Heidegger所謂陶養的內核，尤其對萬物的
神祕、敬畏、驚奇、著迷和冥通之感，進而產生的歡慶和珍惜之情，
乃是召喚詩性的關鍵，也是主動學習的根源，這一點，佐藤學著墨無
多。

柒

結　語

　　Bonnett認為（1994, p. 138），詩性陶養是當前人類從計算性思維固著的體系中跳出，「重新導向」（re-orientation）、「重建人性」（re-humanized）的核心任務，同時詩性導引的工作，經常在潛隱而不自覺的狀態中進行，如果我們多讓學生接觸真實生活裡發生的實況，有時若干情境可能產生強大的影響力。例如，見到全身蓋滿油汙的海鳥，可能使人萌生環保意識；各地因飢餓而垂死的幼童以及戰亂中流離失所的無助難民畫面，可以喚醒人們改變掠奪式消費習性和我族中心的政治觀。但改變似乎不是來得這樣容易。我們生活中一再上演令人毛骨悚然的慘無人道事件（捷運上隨機砍殺無辜民眾、坐視石化原料滲漏炸裂人群熙來攘往的街道、為了暴利大量製售毒害人群的低劣食品用油），這些事件每次都帶來強大震撼，但似乎從來沒有真正喚醒大眾的人性，事過境遷之後，一切如舊！面對如此現象，難道我們不該認真思考癥結何在？

　　本章指出獨尊計算性思維的意識乃是麻痺人性，並使教改失效的緊箍咒。這種意識無孔不入地化身在各種口號裡，其中最有影響力的口號之一，便是「強化競爭力」。我們在教育上很少思考的是，當我們的競爭力增強，順利進入「百大」和「頂尖」之後，教師們和學生們是不是更加幸福？有誰願意用幸福來換取競爭力？如果我們深思這些問題，或許能發覺詩性陶養和詩性教學是教改成功不可或缺的要素。

　　總結而論，具有詩性思維的教育，具有三種核心特性，任何真誠而明智的教育改革，都宜重視這三項特性的滿足：

　　1. 開放性：這是覺察萬物的奧祕，對其敬畏、驚奇、著迷，進而領會自身的有限和脆弱，並認識完全開放才有可能開啓想像、接近實在的完整面貌。

　　2. 回應性：此源自「否定」經驗，亦即覺察自我既有分類範疇失效，誠心接納事物的殊異性，並以真實行動回應殊異性所提示的調整需求。

　　3. 關聯性：此乃發覺自身與萬物有著休戚與共的內在關聯，理解「四重性」，並由此激發瞭解及親愛萬物的衝動，強化與萬物和諧而有情的連結。

第六章

孤獨之歌

「華爾騰學校」的訊息

澤雉十步一啄，百步一飲，不蘄畜乎樊中。神雖王，
不善也。

（莊子，養生主）

若是我被拖進一處現代宮殿大廈，我所唯一想著要學
的，是如何撤離[1]。

（Thoreau, 2013, p. 229）

天朗氣清，惠風和暢，仰觀宇宙之大，俯察品類之
盛，所以游目騁懷，足以極視聽之娛，信可樂也。

（王羲之，蘭亭集序）

Thoreau（Henry D. Thoreau, 1817-1862）獨居華爾騰（Walden pond）湖畔森林裡近兩年（1845-1847）的時光，其湖居生命經驗的記述和反思成果，廣受各方討論，除了在文學價值及哲學思想上受重視之外，近來更被運用在心靈治療的活動上，包括所謂「存有治療」（existential therapy）、「豎琴治療」（harp therapy）、「荒野療法」（wilderness treatment）等等（Smeyers, Smith, & Standish, 2007）。就教育的角度而言，Thoreau的思想提供許多珍貴無比的美育訊息，本章的目的即在思索這些訊息的深刻意義，並分別從Thoreau如何決定離開「稻草人」群聚的社會、走入森林進行生活實驗、在自然裡身心甦醒、在孤獨中領略大地友情、在「自然畫廊」裡優游、在重生中迎接生命的「破曉」等等面向來細細省察。

---

[1] 本文所有關於梭羅著作的直接引文，除極少數必要的更動，皆完全引自孔繁雲的譯本。孔繁雲之譯文在信達雅三方面皆稱優越，值得參考。引文附註頁碼，為原文出處，供讀者檢索印證之用。

壹

稻草人

華爾騰湖位在美國麻薩諸塞州（Massachusetts）康考特鎮（Concord）郊區的一座森林裡，Thoreau在1845年進入此一森林裡緊鄰華爾騰湖畔的一塊地方，親自設計建造房子，過起恬淡的耕讀歲月，直到1847年離開，共在森林的自然懷抱裡度過了兩年兩個月的自給自足生活。

當時美國社會的經濟和社會狀況，是逼使Thoreau離開城鎮，尋求另一種生活可能的主因。Thoreau把美國人的生活，比做一種苦刑。他說自己閱歷甚豐、遊遍康考特鎮（以下簡稱康鎮），所到之處，無論是商場、辦公室或農田，無不充滿了以千奇百怪方式，進行著自我苦行的人們。他指出，這些苦行甚至比印度婆羅門人將自己倒懸於烈火之上或終身將自己綑綁於樹幹上等等懺悔苦行，更加可怕而不可思議。

　　Thoreau認為康鎮民眾的種種苦行，源於汲汲營營於追求錦衣、玉食、豪宅和營利的生活。當人們把超過需要的當基本需要時，生活變成一種桎梏，精神也隨之耗弱。精神貧乏者，即便衣著華貴，也不過是穿著美麗衣裳的稻草人。誰會對著稻草人敬禮？Thoreau指出：找到正確事情做的人，不必穿著新衣來做這工作；豐盛食物如果超過熱能所需，就是疾病之源；大地主、大房主、暴發戶終歸要「墜回地上來」；一般民眾想著積房養老，買棟中等房屋都要付出大半寶貴人生；更不可思議的是，租屋者一年的租金，足可買下一整個印地安村莊的房屋。總之，人們都忘了，自己只是自然的過客，單純而赤裸裸地來，也將單純而赤裸裸地離去。

　　Thoreau一針見血地提醒我們，無知使人操勞過度，一輩子只能做機器。無知讓人為了謀生而逢迎諂媚，為了不必要的儲蓄而積勞成疾。他說：「做南佬的奴隸不好；做北佬的奴隸更差；但最差的還是做自己的奴隸。」（Ibid., p. 5）在Thoreau眼裡，跟自我的觀念相比，輿論只是虛弱無力的暴君；一個人錯誤的人生觀，使他成了自身工具的工具，這是最可憐的一種奴隸，叫人過著惶惶不可終日的生活。Thoreau感嘆：「人為什麼都是那樣恓恓惶惶？不食人間煙火者不需工作。」（Ibid., p. 209）Thoreau看到人們急於安頓俗事，卻忘了天上星辰；把最年輕、可貴的生命用來賺錢，再用老敗殘餘人生來追求享受。對時人種種不智的生活形式，Thoreau提出質問：

　　倘使文明人所追求者不比野蠻人所追求者更具價
值，倘使文明人將其大部分生命只用於謀取粗俗的需要和
舒適，那麼前者能較後者更有資格獲得更好的住所嗎？
（Ibid., p. 29）

文明人的錯誤是爲豪奢花費的多，而爲安全、健康花費的少。Thore-
au嘲諷時人花大錢蓋豪宅，卻買一些不必要的貴重家具充塞其間，積
聚灰塵。他說：「我寧可坐在屋外，因爲除非那裡有人破土興工，青
草上是不聚塵埃的。」（Ibid., pp.31-32）幸好生活形式並不只有一
種，而Thoreau嚮往的是哲人生活，並認爲哲人過得比窮人還儉樸。
他說，哲人眞誠愛好智慧，且依照智慧生活。只可惜，「當今只有哲
學教授，沒有哲人」（Ibid., p. 12）。Thoreau遷居華爾騰，就是希望
自己活得像哲人、智者那樣，斷開種種絕望的愚行，知行合一，實踐
一種高於俗世的生命形式。

森　林

　　我住到森林裡，是爲著愼思地生活，只關注人生的核心事實，看看自己能否由此得到教誨，以免到了生命盡頭，發現自己從未生活過。我不想過不是生活的生活，因爲生活何等珍貴……。（Ibid., pp. 81-82）

「不是生活的生活」是像螞蟻一樣卑微地不停工作。所以，Thoreau建議：「讓你待辦的事情，只有兩、三件吧，而不是一百件、一千件。」（Ibid., p. 82）這有賴簡化，不做疊床架屋的事、不奢侈浪費、單純而節約，如此才能空出時間和精力，用來啜飲生命的瓊漿玉液。其實大自然每天都在示範這樣的道理。Thoreau說，住在森林裡，感覺每個早晨都會收到一個愉快邀請，約他師法自然的單純、健康。又說：「讓我們像大自然一樣地安閒地過上一天，不要被雞毛蒜皮的瑣事，拖出軌道。」（Ibid., p. 87）

　　Thoreau自陳，經過實際生活驗證，一年只需工作六星期，就能支付全年花費，而整個冬季和大半個夏季，都可以自由自在地讀書研究。當然這是把一切非必要的東西都拋棄，將生活條件降至最低，力行簡約後才有的可能。華爾騰的生活教導Thoreau深刻認識：簡單生活是回復生命甘美的關鍵；減少物質需求，就能減少工作時間；應該工作一天，休息六天；因貪求奢華而勞碌，是人類無法摘取生活美好果實的緣由。Thoreau提醒我們，勿使謀生成爲職業，應使之成爲遊戲。又說：「享受這土地，但勿存占有之心。買、賣、過著奴隸般的生活，這是人的寫照……。」（Ibid., p. 195）Thoreau稱柏樹爲自由之樹，因爲柏樹四季長青，不受時令限制。他期許自己像柏樹一樣做個自由自在的存在體。Thoreau因爲珍視自由，而甘於粗茶淡飯；在Thoreau眼中，只有自由的人，才有快樂的可能。

　　但自由並不只是消極地自奉簡約就能達成的；自由還需要獨立行動的能力。在自然裡，Thoreau必須獨力蓋屋、耕作，這兩樣事情都讓他深刻體會自由的眞諦。他親自選購建材，獨力蓋成一棟十呎寬、十五呎長、八呎高的房子，有閣樓、衣櫥、磚造火爐、煙囱。他將所有建屋花費一一明列，用意在告知對自己房屋造價所知無多的人們，像他這樣興建房屋，只需支出28.125美元。Thoreau也由這個經驗發現，大學生一年的房租（30美元）竟然大過這個數目。換句話說，如果大學生願意像他那樣生活，不用一年房租的金額，也可取得一處終身住所。

Thoreau在森林裡耕作，過著自給自足的生活。他用裸麥和玉蜀黍自己製作麵包，不受市場價格的控制；想吃甜食，就用南瓜、茭根或楓樹，來取得糖蜜；而鹽這種常用的必需品，逛一次海濱，就可取得些許。Thoreau在《湖濱散記》裡，特別寫了一個專章，說明自己在豆園裡耕作的點滴。他在高地上種了兩畝半的豆子。種植豆子，使Thoreau感覺更加依戀土地，也從土地獲得力量，並靠著露水和雨水這兩位助手來灌溉豆園。他通常一大早赤腳在朝露浸潤的碎沙土地上耕作，直到烈日當空的近午。他少有馬的助力，不僱用工人，又沒有先進的農具，所以進度緩慢，卻也因為如此和豆子變得更為親近。Thoreau說：

> 我長時期與豆子培養的這種相知，是項特殊的經驗；這相知的培養，是靠著不斷的下種、除草、收割、去莢、挑選、出售 —— 最後一項做起來最辛苦 —— 或者也可再加上一項食用，因為我是嚐了豆子。我決心認識豆子。在豆子成長的時期，我從早晨五點便開始除草，直到中午，餘下的時間做別的事。（Ibid., pp. 150-151）

　　扣除開銷，Thoreau一年種豆所得淨利是8.715美元。也就是大約種豆三年，就可賺取蓋一座木屋所需的費用。農耕雖然辛苦，但在自然裡工作，有畫眉、野鴿、夜鷹、山鷹相伴，暫息的時候，倚鋤而立，不費分文，就可享受原野上取用不竭的各式天籟美景，也是幸福。獨立儉樸生活，不僅是自由的落實，也能滋養心靈，增長智慧。所以Thoreau主張體驗學習的重要，認為青年若不體驗生活，便無法認識何謂有意義的生活；並認為學生在學校裡的學習，是由社會支持的「昂貴遊戲」，而學生要在這種活動裡獲益，就不該只是「遊戲」（play）人生或「研究」（study）人生，而應是徹頭徹尾地「體驗」（live）人生。（Ibid., p. 45）學生不該只用顯微鏡而不用肉眼觀看世界；研究化學，卻不知自己吃的麵包是如何做的；探查各種新衛星，卻不認識自己或別人。Thoreau意味深長而又語帶嘲諷地說，未曾深刻體驗獨立簡約生活的人，無法想像「速度最快的旅行者，是徒步的旅人」（Ibid., p. 47）。

甦 醒

　　對Thoreau而言，華爾騰湖區，不只是一個自然界域，更是一座
孕育生命智慧的「校區」。如前所述，Thoreau認為自然是單純健康
生活的導師。Thoreau感嘆世人不再懂得戶外生活的滋味，連詩人、
聖人也藏在屋頂下說話，不與日月星辰為伍。他提醒人們：鴿子不在
鴿房裡養尊處優，鳥兒也不在洞穴裡歌唱，人應該和動物一樣回歸山
林原野的開闊懷抱，才能開展性情。又說，人在清潔屋宇之前，應先
清潔生活，而自然能教導人何謂純淨，同時我們「對美麗事物的鑑賞
力，多是在戶外所培植，那裡沒有房子，也沒有屋主。」（Ibid., p.
33）Thoreau注意到，熟悉的東西在戶外，總比在室內看起來更加可
愛，可惜這種自然的美化作用，人們取用得太少。

　　Thoreau熱愛閱讀，特別重視經典的研究，認為經典是最高思想
的紀錄、不曾腐朽的神諭。甚至提倡設立鄉村大學，希望鄉民皆成
這個學校的大學生。鄉村大學邀請全世界一流的賢者來講學，如此鄉

村就像有了一所巴黎大學或牛津大學。他將鄉村大學命名為「非凡學校」（uncommon school）；而設有非凡學校的鄉村，Thoreau稱之為「貴族鄉村」（noble villages）。他說我們要的是貴族鄉村，而不是貴族。（Ibid., p. 101）

不過，雖然Thoreau珍視經典，嚮往非凡學校，但他心中最寶貴的還是自然這座大學校所提供的教導。他說：

> 當我們侷限於那即使是最精選最古典的書時，只讀那特殊的、其本身只是方言和區域性的書寫語言時，我們便冒著疏忽了那天地間萬事萬物所用的口語的危險，這口語不是用譬喻說出的，寓意富饒而又標準……。（Ibid., p. 103）

Thoreau相信大自然提示的是最普遍、最深刻、最直接的真理；任何方法或訓練，都不能取代時時敏於觀察自然和世間一切事物的能力。Thoreau說，我們不能只作讀者或學生，我們必須是優秀的「觀察者」（seer）。如果我們是好的觀察者，就能看清人類命運繫於是否能向大自然回歸，以及能否過著純淨的生活。大自然喚醒人的身心，教導我們如嬰兒一般單純幸福地活著。由Thoreau對華爾騰生活的一段描述，我們可以稍稍窺知這種狀態：

這是個甜美的黃昏，此時整個身體成了一種感官，每個毛孔都覺舒暢。往來自然之中，隨心所欲，我彷彿已成自然的一部分。……風過處，赤楊和白楊葉在空中瑟瑟作響，自覺與其合而為一，令我摒住了呼吸……。（Ibid., p. 121）

此處描寫人在自然中找回了敏銳的身體官能，這不僅是一種知覺的愉悅，也是發現自我的快樂與滿足[2]。此時，人好比重新有了耳朵、眼睛、鼻子、手、足、皮膚；在接觸、感受、融入自然的過程中，人宛如胎兒回到母體一樣，自在安閒，除了靜靜漂浮，其他都是多餘：

住在林中木屋的第一個夏天，我不讀書；我種豆於木屋旁，不，我常做比這更美好的事。我覺得眼前的時光太清新太完美了，不能糟蹋在任何工作上，哪管是勞心或勞力的工作。（Ibid., p. 103）

---

2 梭羅曾提及森林中夜裡的漆黑乃一般人所難想像，當其晚歸時，往往必須靠雙腳摸索自己踏過的路徑，或者用雙手觸摸某些熟知的樹木來辨別前進的方向，他把這種摸索比做一種航行，並覺得即便在暴風雨裡這樣航行，也是一種愉快的事。他說：「當時走路只是兩腳知道進路而兩眼卻看不見，一路上也只是夢想其他的事，完全沒有想到走路，直到來到門口必須舉起手來拔開門閂時，我對自己走過的這漫長的夜路，一步都記不起來，我想即使我身體的主子拋棄它了，我身體的軀殼也會自己找路回家的，就像黑暗裡吃飯，不用眼睛幫忙，手自己也能找到嘴巴一樣。」（Ibid., p. 159）

Thoreau認為生命需要這種「高度空白」或「寬裕」（a broad margin）。只是現實生活裡，無一處沒有機械的聲音。即便是下著雪的冬夜，火車仍是如江水常流，不眠不休。火車所象徵的企業精神，以及求快、求先機的渴望，使得純真的嬰兒般的快樂，漸漸沒有了脈搏。Thoreau認為融入自然的從容情調時，人將能知覺「什麼事都不做」的無為，有時是最適切的。為什麼一定要做什麼，如果不做什麼是最美好的？Thoreau說道：

> 夏天的早晨，在水中沐浴後，我有時坐在向陽的門口，從日出到日中，在松樹胡桃樹和鹽膚木的懷抱裡。在一片孤獨靜寂之中，沈醉在幻想裡，此時鳥兒在四處鳴啼或靜悄悄地飛越木屋，直到陽光射進我的西窗口，或者遠處傳來某個旅者的的車聲，才提醒我時間的流逝。（Ibid.）

Thoreau認為這樣自得其樂的平靜時光，看似懶散，實則能對健康身心產生莫大的助長作用。他說自己在這樣的狀態時，可感受自己的成長是靜默而驚人的，「就像黑夜裡的玉蜀黍」長得那樣快速；而這時的無為比做任何工作都更好、更豐富得多。一般可能以為這種「懶散」是虛擲光陰，Thoreau卻以為那是時光軌道之外，一種額外的恩賜。Thoreau也曾在午前，泛舟到華爾騰的湖心，平躺在小舟裡，任清風柔柔地牽引，「直到船觸岸沙，起身方知命運已將帶我到哪一岸口。」Thoreau感覺，在這些時刻，「閒散是最具吸引力也最富產能的事業。」（idleness was the most attractive and productive industry）（Ibid., p. 180）無怪乎，他要寫詩歌頌，再沒有比華爾騰的日子，更接近天堂的了：手捧湖水、湖沙，「心則遨翔在它最深邃玄妙的勝境。」（And its deepest resort lies high in my thought.）（Ibid., p. 182）

自然不僅使人身心放鬆，也使人理智清明。Thoreau有時夜裡會窮盡心思，苦苦思索有關「何謂、何以、何時、何地」（what-how-when-where）等種種難題，卻毫無所得。不意一覺醒來，

> 但見晨曦中的自然，負載萬物，滿臉安詳而滿足地透過窗戶向我凝視，她的唇間並未掛著任何問題。於是我明白了，僅僅大自然與日光，就足以回答我的問題。（Ibid., p. 263）

人類思考的問題，許多是無謂的，有些無法純由思考解答，有的則只有在力行中才能得知結果，所以與其總是冥思，不如行動。生命即行動，我的行動即是我：行動界定了我和我的生活。Thoreau觀察到大自然日復一日，不斷運行，不回答也不提出一般人所問的那些問題，但其創造行動卻未曾稍稍間歇。對此深刻體悟的Thoreau說，「點綴著小松的積雪大地，以及我木屋座落的此一山坡，似乎都異口同聲地說：前進吧！」（Ibid.）Thoreau相信，假如我們能珍惜時光，不輕易嗟嘆既往，「永遠讓自己面對現在，善用周圍事物，像蓮葉上的一滴露水都知利用的野草那樣，我們必能得到幸福。」（Ibid., pp. 292-

總是尋找與逃避，何不凝視而定神？

293）Thoreau發現，人的問題往往是身處明媚春光，精神卻遊蕩在冰天雪地裡。這是無病呻吟、作繭自縛。反觀大自然卻能天天示範何謂和何以強健不息，因此如果我們多接近自然，就有機會認清這個道理。

在Thoreau的看法裡，自然還能恢復人類善良寬厚天性。因為在大自然的世界裡，人類得到一次又一次的赦免、救贖，就像孩子受到母愛無盡的照拂一般。有關於此，Thoreau的說法雖然極具浪漫主義色彩，卻也彰顯了天道如何而能指引人道的運行。他認為：

> 人類的一切罪行，在一個愉快的春天早晨，都被寬恕了。這樣的一個日子，是對罪惡休戰的日子。當陽光繼續普照的時候，最可惡的罪犯也可以回家。從我們失而復得的天真無邪中，也應能看到鄰人的天真無邪。……那麼這位鄰人的一切罪過，此時都該一筆勾消了。（Ibid., p. 293）

如果一個人能像春光那樣溫暖無私，開闊而無分別心，那麼許多人一定能在他的「照耀」之下，找到失而復得的純真，並重新振作、建設自我。而這種氣度不只是用於對人，對於自身的過失，有時我們也要像大自然愛我們那樣，給予自己最溫柔而無條件的擁抱，讓自己所有過錯都在這愛裡一筆勾消，並讓純潔在同一時刻重生。

孤　獨

　　Thoreau在森林裡生活，雖然自覺寫意，卻經常被世人問起是否寂寞的問題。世人總覺得離群索居者，必定感到孤寂難耐，特別是在下雨、下雪或深夜裡。Thoreau認為，世人的社交生活，通常廉價而無益，因此我們在人群中往往比在自己的房裡更加孤寂；換言之，如果孤獨是一種苦，那麼透過與人的接近，往往解決不了這個問題。反而是，我們生活的聯繫太過緊密，彼此妨礙，有的人甚至連在夢裡也難能獨處。Thoreau譏諷地說：「一個人的價值不在皮膚上，我們並無非要接觸他人不可的必要。」（Ibid., p. 128）

　　對嚴肅的工作和思考者而言，孤獨似乎是有益的，Thoreau也是在這個立場上說，「我從未找到比孤獨更可為伴的伴侶。」（Ibid., p. 127）他說，哈佛大學宿舍裡用心研究的學生、田裡辛勤耕作的農人、森林裡伐木的工人、或者沙漠托缽的僧人，都是孤獨的，因為他們都在工作著。或者我們可以說，擔心孤獨的人，往往是不在工作任

務上的人；而對於那些需要或者想要工作的人而言，孤獨卻往往是值得歡迎的。Thoreau並且認為，孤獨可以讓人脫離言不及義的社會，開啟清醒思考的一刻。在孤獨裡，我們往往更能站在社會、自身，甚至是大自然之外，感覺主客雙重性並在的狀態，過著像河中浮木，或者由天空俯視此一浮木之天神那般的心靈生活。Thoreau說這時，

> 我能夠站得像遠遠離開別人一樣，遠遠離開自己。不管我某項經驗是何等深刻強烈，我仍能意識到自己客觀部分的存在與批判，而此一自己的部分，又好像不是自己的部分，而是旁觀者……。（Ibid., p. 126）

許多時候，我們需要省視自己與自己、自己與社會，以及自己與自然的關係，這三種省視密切相關，也都需要旁觀者的客觀立場，而這個立場，在孤獨的時刻似乎比較容易獲得。

離開社會，孤獨地生活，對Thoreau而言，還有另一個重要緣由，那就是尋找生命之源。他說，垂柳喜愛接近水邊，靠著水的方向扎根，而我們會喜歡住在什麼樣的地方呢？就如同垂柳，「我們總願住在接近生活資源永不枯竭的源頭，一切經驗都顯示，生命就是向著這個源頭生長……」（Ibid., p. 125）這源頭是自然，這才是「聰明人」想接近的地方，而不是車站、酒吧、商舖、政府會議廳這些人群經常聚集、變動無常、使人神智不清的場所。在自然裡生活，我們才能與最接近我們、使我們能自在生存的無形力量和偉大法則緊緊結

合，生活由此覺醒，而在享受覺醒生活之時，我們的各種感官也能得
到健康和無法形容的快樂。Thoreau說，使我們保持健康、安詳、滿
足的仙丹和萬用草藥，正是大自然賴以滋養自身、永保青春的純淨和
「自然」。Thoreau相信，喝一杯純淨的早晨空氣，更勝服用南極仙
翁提供的神奇靈藥；青春之泉的終極供給者是自然。

　　遠離人群，接近自然的孤獨，不是拋棄享受，而是擁抱另一種享
受。對Thoreau來說，孤獨生活在森林裡的最大快慰是，生活的地平
線再也不是近在眼前。他說，方圓數哩、人煙罕至的森林，別人棄之
不用，卻成了他廣大的私人宅院，最近的鄰居，住的地方也在一哩之
遙以外。這方天地，像是西部大草原一樣靜寂，也像是廣闊無邊的非
洲原野。Thoreau說，在這樣的環境裡生活，

> 　　我好像是有自己的太陽、月亮和星辰，有一個全屬於
> 自己的小天地。夜裡不曾有人經過我的房子，或敲過我的
> 門，彷彿我是地球上頭唯一的人或最後一個人似的……。
> （Ibid., p. 122）

儘管自己像是「地球上頭唯一的人或最後一個人」，Thoreau並未因
此感到孤獨或缺乏友誼。他說：「最甜美、最溫柔、最純眞、最令
人鼓舞的社會，可在任何自然的物體中找到。」（Ibid.）他自陳可在
暴風雨裡聆聽到「美麗的音樂」、在季節交替中享受「與四季的友
誼」。然而Thoreau初到森林居住時，也曾思考有近鄰爲伴，是否對

健康較爲有益，這種心情讓他感到孤獨是不愉快的。但在一次頓悟後，Thoreau有了不同想法：

> 在一陣細雨中，我霎時頓悟到在大自然裡，在每一滴的滴答的雨水中，在我房屋周圍的每一聲音每一景象中，都存在著如此甜美有益的社會，如此無限無可計量的友誼，忽如大氣層一般支撐著我，頓時那種幻想的近鄰的益處顯得毫無意義，而從那時候起，我不曾再想著要有近鄰。（Ibid., p. 123）

人類太習慣、太依賴與同類相處的種種，以至於認爲沒有同類爲伍的人就是孤獨的，與同類生活距離的遠近，變成是一般人計算一個人是否爲孤獨的準據，卻忽略大自然裡也有取之不盡的珍貴友誼。誠如Thoreau所言，「每根細小的松樹針，都散發飽和著同情，與我友善。」（Ibid.）當我們渴時，松樹爲我們儲備了水；熱時，松樹蔭下好乘涼；倦累了，有松樹可以倚靠停歇；松樹還爲我們布置絕美景致，寵愛我們的視覺和靈魂；我們清晨吸取的青春靈氣，許多是松樹供給的；松樹甚至願意捨身提供我們燃料之所需。細細深思，有哪個人能比松樹更有資格稱作我們的摯友[3]？事實上不只松樹，整個自然

3　梭羅的著作中多處可清晰見到他將自然萬物視爲摯友，例如他說：「我經常在深雪中走上十哩八哩，去拜訪某位好友——一棵橡樹、或松樹……。」（Ibid., p. 247）

裡的一切，始終都是眷顧我們的，我們越親近自然，越能理解這一
點，也會因此而更珍惜自然。這是Thoreau能夠接受打獵的原因，甚
至說「打獵構成我教育最美好的一部分」（Ibid., p. 199）。Thoreau
指出，打獵是一種運動，也是天性之某一部分（原始、冒險之野性）
的顯示，但打獵也同時引領人走向自然。通過生動而具體地與萬物
互動，優越的獵人能深刻瞭解自然、明白「更高的法律」（higher
laws）、「辨明自己的目標，成為科學家或詩人[4]，因而放下鳥槍釣
竿，與大自然為伍」；這和從不親近自然，卻偽善地提倡守護自然
和大地，是極為不同的。（Ibid.）在這一點上，Thoreau完全同意G.
Chaucer（1343-1400）所謂獵人也能成聖的說法。反觀現代生活形
式，「自然」對人類而言，越來越像是個純粹的概念，就像「恐龍」
一般。於是，當人們倡議要愛護大地時，給人的感覺就越來越近乎是
提倡要愛護恐龍那般──空洞、遙遠、甚至是荒謬怪誕之感。或許，
當人類也能像Thoreau一樣有著如下的體會時，人類的自然之愛的口
號才能飽滿展現在情感和行動裡：

---

[4] 梭羅研究各種動植物和生態，發明探測湖泊深度的精確方法，研究樹的年輪，手
繪華爾騰湖的地圖，並寫出許多意味深長而優美動人的詩。他可以說是知行合一
的人了。值得一提的是，梭羅對於詩人有極高的評價，他說到他的訪客時說：
「那個不畏更深的積雪、更惡劣的風暴，從更遠處來的訪客是位詩人。農人、獵
人、軍人、記者，甚至哲學家都會懾於此等惡劣氣候，不敢前來；但任何危險都
阻擋不住詩人，因為他的行動出於純潔的愛。」（Ibid., p. 280）梭羅並將詩性與
神性相提並論，說億萬人中，才能找到一個過著「詩性或神性生活」（a poetic or
divine life）的人，這樣的人清新而富朝氣，若我們有幸與其相遇，必將不敢直視
之。（Ibid., p. 81）

　　大自然——太陽和風雨，夏天和冬天——無法描述的
慷慨與仁慈，永永遠遠提供我們人類的那種健康、那種歡
欣！對人類的那種同情：若有一人有正當的理由而悲傷，
則整個大自然將與之同悲，日光將爲之昏暗，風爲之嘆
息，雲爲之落淚，樹葉爲之零落，在盛夏穿上喪服。大地
不向我們說話嗎？我本身不就是部分的沃土？（Ibid., p.
129）

在大自然裡生活，Thoreau對何謂寂寞有了全新的認識。他說，如果
獨處的他是寂寞的，那麼華爾騰湖、湖裡的潛水鳥、太陽、上帝、酢
醬草、北極星、南風、四月裡的陣雨、正月裡的寂雪、或他新屋裡的
第一隻蜘蛛也都是寂寞的。體會了自然萬物（包括人）的相互滋養而
密不可分，我們可以瞭解在大自然裡，自己既不孤獨，也可不必感到
寂寞。可惜的是，自然所能提供的友誼，乃是多數人不曾體會或者是
遺忘的，此爲現代人在人群中孤獨，即感覺與情感溫暖隔絕的緣故。
Thoreau所謂「最甜美、最溫柔、最令人鼓舞的社會，可在任何自然
的物體中找到」的經驗，對現代人而言，無疑是非常陌生的。如果人
類學會如何與自然爲友，因孤獨而造成的現代性抑鬱和情感枯竭或許
能夠減緩一些。

溫暖，沁潤，柔和，堅韌，有什麼比自然更加質樸而真實？

伍

畫廊主人

　　教育主要任務包括協助受教者得到生命幸福，而當代教育最爲失敗的工作之一，就是使受教者沈溺在人造的世界中，忘卻大自然給予人類無盡的幸福寶藏。我們在人造世界中所追求的神奇、刺激、驚奇、美麗，大自然沒有一樣不具備，而且有過之而無不及。大自然時時刻刻都展演著各種不可思議的奇蹟，這些表演，不收門票，無須付費，任君觀賞。只要我們稍稍將注意力從人間俗事追逐裡轉移，暫時全神貫注於自然的聲音、顏色、氣味、行動，我們將不得不感到自己作爲自然天地裡的一員，是多麼富有、多麼奇妙。比如說霧氣，大自然就能玩出很多遊戲。Thoreau提到，華爾騰湖區的霧氣像是幽靈，在夜裡祕密集會後，就悄悄往四方散去，隱入森林，白日化作露珠，懸在樹上、山邊。又說，華爾騰湖充滿光亮和折射，化身爲另一個天空——「一個海拔較低但重要性更高的蒼穹（a lower heaven itself and much more important）。」（Ibid., p. 78）而這蒼穹即便在同一角度觀看，也是一時藍，一時綠，安祥地躺在那裡，分享了天和地的

色彩。有時她又幻化成另一種奇妙的景物：

> 當淡淡的薄霧使湖的對岸若隱若現時，站在湖東邊
> 的沙灘上，我才瞭解到所謂「波平似鏡」的真正意義。當
> 你低下頭從兩腿之間望出去時，妳便覺得那湖面猶如一絲
> 穿越山谷的纖細銀線，在遠方松林的倒影裡閃爍，將空間
> 分割為兩層。好像你能腳踏湖面，步行到對岸的小山而兩
> 腳不濕似的；又好像那些掠過湖面的燕子真能棲止在湖面
> 似的。的確，有時燕子也真彷彿是受了騙，盲目地向下俯
> 衝，衝到水裡。（Ibid., p. 175）

冬天的華爾騰湖，結了一呎以上的厚冰，而冰上又有一呎深的積雪，
因此取水飲用時，得先鏟雪、鑿冰，好造出一個像窗戶形狀的汲水
口。當Thoreau跪在這汲水口旁，一邊喝水，一邊望向湖底時，驚見
魚兒美輪美奐的客廳，那客廳裡柔和的光線好似透過地下大玻璃窗點
亮了整個屋宇，閃爍著細沙的湖底，仍有著夏天的明朗，魚兒一派
寧靜安閒地悠遊，這景色讓Thoreau不禁讚嘆「天堂不僅是在我的頭
頂，同時也在我們腳下。」（Ibid., p. 264）

　　除了華爾騰湖，大自然的詩情畫意也展現在天空的畫布上。如
果我們留意，或許能遇見自然以目不暇給的速度，在天空揮灑驚人
藝術，剎那間完成傑作，又在剎那間展演閉幕，好似要考驗觀賞者，
又好似只想為最幸運、最知己的人留駐。Thoreau透過他的詩人朋友

之口，說出了對大自然的天空之作的珍惜：「看看那些雲怎樣掛在天空！這是我今天看到最有價值的事。古代繪畫中沒有像這樣的東西……。」（Ibid., p. 209）自然也未曾錯過在地表上創作的時機：聳立的松林如廟宇又如海上艦隊；赤楊果樹閃著令人望而生畏的紅光；黃樺木鬆軟金黃，發散香氣；欅木潔淨整齊，完美無比；出眾的冬青，如寶塔般挺立。Thoreau說這些就是他「冬夏參拜的對象」（Ibid., p. 190），他也描繪了原野上隨處可見的可愛草地、晶瑩溪流、活潑鱒魚。從Thoreau的文字，可以印證四季畫廊有多麼活躍、多麼值得探訪。他說：

> 九月的第一天，我已經看到湖對岸的兩、三株楓樹染成深紅，下面的三棵白楊，在水邊的隆起處，枝幹交錯。啊，樹葉的顏色道出了多少故事！時間一星期一星期的過去，每棵樹也漸漸的現出自己的本性，各自讚美著自己在明鏡般湖面上的倒影。這裡畫廊的主人，每天早晨都換上一批新畫，比前日牆上的舊畫，顏色要鮮明和諧許多。
> （Ibid., pp. 224-225）

確實沒有任何一個畫廊的主人如大自然那樣勤奮、那樣貨源充足，又那樣才華洋溢。也沒有任何畫廊主人如大自然那般無私，時時開放，供人們不費分文地參訪遊歷。只是大自然的畫廊雖不收費，卻也不打廣告，唯有知心知情者能得其妙境。

陸

破　曉

A. N. Whitehead（1861-1947）認為沉浸在美之中，是專注、自律和超越自我的關鍵。受美感動的人，凝思美，渴望在行動上展現美，其外顯則是風格（style）的注重。風格不僅是心靈高度結晶，也是行動的實用而有效的依據。Whitehead因而提醒教育者注重風格，他指出：

> 風格滲透整個人的神靈。有風格的行政人員厭惡浪費；有風格的工程技師節約用料；有風格的藝術家追求傑作。風格是心靈至德（the ultimate morality of mind）。（Whitehead, 1967, p. 12）

風格的源頭來自美的體驗。Thoreau從大自然之美的體驗，以及由此體驗後，在生活裡展現出專注、自律和超越的風格，正足以印證Whitehead所謂情感、思維和行動的強力融合劑乃是美的主張。

Thoreau在華爾騰湖區的獨居歲月，創造了形成這種「心靈至德」的脈絡條件，而由Thoreau的生命案例，似也可以註解J-J. Rousseau（1712-1778）為何主張教育愛彌兒時，「孤獨應是他的第一課，也是他最需要的一課。」（1966, p. 32）大自然的美教導Thoreau如何以純潔簡約風格翱翔於生命的藍天。而根據R. Milder的觀點（1995, p. 97），Thoreau描繪一隻老鷹如何飛翔於華爾騰湖天際的文字，其實是其生命姿態的自述：

> 這是我不曾見過的輕盈的飛翔。既不像蝴蝶的翩翩飛舞，也不像最尊貴的老鷹般的高飛雲端，牠祇是帶著驕傲自信，在空中自由逍遙；一面咯咯地叫著，往上飛呀飛呀，接著又是下降，是如此自在美麗，像天空的風箏一般，翻轉過後，又凌空升起，好像不曾踏過大地似的。獨自逍遙，彷彿宇宙間無友無伴，其實除去伴牠逍遙的晴空和早晨之外，也並不需要其他友伴。牠並不寂寞，但卻使牠所俯視的地球顯得寂寞。（Thoreau, 2013, p. 295）

如果Milder的主張是正確的，那麼Thoreau的自在快樂，應是得自於學會了純潔儉約的美妙，因此，雖然遠離塵俗，卻不寂寞，反而是看到他身影的群居大眾，感到自己好似有失去了某種寶物的落寞。雖然有的論者認爲（Weisbuch, 1987），Thoreau有強烈的淑世精神，這點使他有別於孤傲的英國浪漫主義者，如W. Wordsworth（1770-1850）之流，然而，Thoreau對於究竟能有多少世人領略來自「華爾騰學校」的訊息而不沉醉於物質利益，似乎是悲觀的。他說（Thoreau, 2013, p. 311）：「只當我們清醒時，天才會破曉。」（Only that day dawns to which we are awake.）就臺灣社會的我們而言，離破曉似也仍然還有好長一段距離，「我們的太陽，不過是一顆晨星」（Ibid.）。

柒

結　語

　　P. Standish認為（2006），Thoreau在《湖濱散記》一書中所展示的是不斷啓程（departure）、重生（rebirth）的「父語」（father-tongue）精神，而非安於先在傳統的「母語」（mother-tongue）習性。Thoreau的「父語」無疑得自啓程離開依賴和貪婪的社會，而在自然裡獨立生存，這使其領悟生之本質在簡單純淨，能如此生活的Thoreau，靜觀萬物而自得，並在自由和美之中，獲得重生。Thoreau只想喚醒大眾重新思索生命形式，並無意要求大家依樣畫葫蘆地離群索居。的確，Thoreau並未終生定居森林裡。在華爾騰居住兩年之後，Thoreau重新啓程，回到社會，追求另一個重生。

參考文獻

一、中文

余秋雨（1990）。**藝術創造工程**。臺北市：允晨文化。

佐藤學（2012）。**學習的革命：從教室出發的改變**（黃郁倫、鍾啓泉譯）。臺北市：天下。（原著2006年出版）

周愚文（2003）。〈匱乏時代的教育：從海德格角度探討現代科技時代的教育問題〉述評。載於林逢祺、洪仁進主編，**教育哲學述評**（頁377-407）。臺北市：師大書苑。

陳伯璋（2003）。夏山：臺灣教育的希望種子。載於王克難譯，**夏山學校**（頁9-19）（A. S. Neill原著，1960年出版）。臺北市：遠流。

陳雅慧（2010）。誰把臺灣少年考笨了？**親子天下**。2010年12月，122-125。

黃武雄（2003）。**學校在窗外**。臺北市：左岸文化。

項退結編譯（1992）。**西洋哲學辭典**（W. M. Brugger原編著，1979年出版）。臺北：華香園。

馮朝霖（2010）。曖昧、謙卑與參化──新世紀之世界觀教育。載於劉育忠（編），**當代教育論述的踰越**。臺北市：巨流。

劉盈慧（2012）。臺博館潛返地心特展4D電影小朋友最愛。**聯合報**。2012年9月19日，教育AA4版。

歐用生（2010）。**課程研究新視野**。臺北市：師大書苑。

歐陽教（1973）。蛙教書。**聯合報**。1973年3月29日，第十五版。

蘇永明（2006）。**主體的爭議與教育**。臺北市：心理。

二、英文

Thoreau, H. D. (1996)。**湖濱散記**（孔繁雲，譯）。臺北市：志文。
　　（原著出版於1854）

Arendt, H. (1958). *The human condition.* Chicago: The University of
　　Chicago Press.

Assiter, A. (2013). Love, Socrates, and pedagogy. *Educational Theory,
　　63*(3), 253-263.

Barrett, W. (1978). Heidegger and modern existentialism. In B. Magee,
　　Men of ideas: Some creators of contemporary philosophy (pp. 56-
　　75). Oxford: Oxford University Press.

Blackburn, S. (1999). *Think: A compelling introduction to philosophy.*
　　Oxford: Oxford University Press.

Bonnett, M. (1994). *Children's thinking*: *Promoting understanding in
　　the primary school.* London: Cassell.

Bonnett, M. (1998). Education in a destitute time: A Heideggerian ap-
　　proach to the problem of education in the age of modern technology.
　　In P. Hirst & P. White (Eds.). *Philosophy of education: Major themes
　　in the analytic tradition* (pp. 367-383). London: Routledge.

Bowen, J. A. (2009). *Teaching naked: Why removing technology from
　　your classroom will improve student learning.* Retrieved Dec. 23,

2010, from http://cig.standford.edu/~dept-ctl/cgi-bin/tomprof/post-ing.php?ID=786

Buber, M. (2002). *Between man and man.* (R. Gregor-Smith trans.) London: Routledge. (Original work published 1947)

Caranfa, A. (2007). Lessons of solitude: The awakening of aesthetic sensibility. *Journal of Philosophy of Education. 41*(1), 113-127.

Dewey, J. (1934). *A common faith.* New Haven: New York University Press.

Dewey, J. (1958). *Experience and nature.* New York: Dover Publication.

Dewey, J. (2005). *Art as experience.* New York: The Berkley Publishing Group. (Original work published 1934)

Eisner, E. W. (1994). *The educational imagination.* New York: Macmillan.

Eisner, E. W. (2005). *Reimagining schools: The selected works of Elliot W. Eisner.* London: Routledge.

Elliot, R. K. (1998). Education and the human being. In P. H. Hirst and P. White (Eds). *Philosophy of education* (Vol. 2)97-115. London: Routledge.

Filene, P. (2005). *The joy of teaching: a practicle guide for new college instructors.* North Carolina: University of North Carolina Press.

Fong, T-L. (2009). The awareness of pedagogical aesthetics: Transformation of pedagogical profession identity by Taiwanese alternative

school teacher. In R. Kokemoh et al. (eds.), *Symbolic universes of pedagogical professionalism in different cultures* (pp.23-40). Taipei: Higher Education Co., Ltd.

Foucault, M. (1984). The Means of correct training. (R. Howard, trans.) In P. Rabinow (ed.), *The Foucault Reader.* New York: Pantheon Books, 1984.

Fromm, E. (1976). *To have or to be?* Toronto: Bamtam Books.

Goouch, K. (2008). Understanding playful pedagogies, play narratives and play spaces. *Early Years, 28*(1), 93-102.

Greene, M. (1973). *Teacher as stranger: Educational philosophy for the modern age.* Belmont: Wadsworth Publishing Company.

Greene, M. (1988). *The dialectic of freedom.* New York: Teachers College Press.

Greene, M. (1995). *Releasing the imagination.* San Francisco: Jossey-Bass.

Hansen, D. T. (2004). A poetic of teaching. *Educational Theory, 54*(2), 119-142.

Heidegger, M. (1971). *Poetry, language, thought.* (A. Hofstadter, Trans.) New York: Harper & Row.

Joosten, H. (2013). Learning and teaching in uncertain times: A Nietzschean approach in professional higher education. *Journal of Philosophy of Education, 47*(4), 548-563.

Kearney, R. (1989). Merleau-Ponty. In J. O. Urmsom & J. Rée (Eds.),

The concise encyclopedia of western philosophy & philosophers (pp.199-200). London: Routledge.

Laverty, M. J. (2014). The world of instruction: Undertaking the impossible. *Ethics and Education, 9*(1), 42-53.

Lippitt, J. (1992). Humour. In D. E. Cooper (Ed.), *A companion to aesthetics* (pp.199-203). Oxford: Blackwell.

MacIntyre, A. & Dunne, J. (2002). Alasdair MacIntyre on education: In dialogue with Joseph Dunne. *Journal of Philosophy of Education, 36*(1), 1-19.

Magill, F. N. (1990). *Masterpieces of world philosophy*. New York: Harper Collins Publishers.

Maisel, E. (1993). *Artists speak.* New York: Harper Collins.

Marcuse, H. (1991). *One-dimensional man: studies in the ideology of advanced industrial society*. London: Routledge.

Merleau-Ponty, M. (1962). *Phenomenology of perception.* (C. Smith, Trans.). London: Routledge & Kegan Paul. (Original work published 1945)

Merleau-Ponty, M. (1964). The primacy of perception and its philosophical consequences. (J. M. Edie, Trans.). In M. Merleau-Ponty, *The primacy of perception and other essays on phenomenological psychology, the philosophy of art, history and politics* (pp.12-42). Illinois: Northwestern University Press. (Original work published 1947)

Milder, R. (1995). Reimagining Thoreau. New York, NY: Cambridge University Press.

Morris, M. (2008). *Teaching through the ill body: A spiritual and aesthetic approach to pedagogy and illness.* London: Sense Publisher.

Neill, A. S. (1968/1960). *Summerhill.* London: Penguin Books.

Nietzsche, F. (1933). *Thus spoke Zarathustra.* (T. Common, Trans.) New York: Carlton House. (Original work published between 1883 and 1891)

Nietzsche, F. (1990). *Twilight of the idols.* (R. J. Hollingdale, Trans.). Harmondsworth: Penguin Book. (Original work published 1889)

Neill, A. S. (1960). Summerhill. New York: Hart Publishing.

Nodding, N. (2003). Is teaching a practice? *Journal of Philosophy of Education. 37*(2), 241-251.

Noddings, N. (2005). *The challenge to care.* New York: Teachers College Press.

Peters, R. S. (1966). *Ethics and education.* London: George Allen & Unwin.

Rousseau, J-J. (1966). *The Emile of Jean-Jacques Rousseau* (trans. And ed. W. Boyd). New York, NY: Teachers College Press. (Original work published in 1762)

Ruitenberg, C. (2014). Hospitable gestures in the university lecture: Analysing Derrida's pedagogy. *Journal of Philosophy of Education, 48*(1), 149-164.

Saint-Exupery, A. de (1997). *The little prince*. (K. Woods Trans.). London: Heinenann.

Schiller, F. (1794/1967). *On the aesthetics education of man* (E. M. Wilkinson & L. A. Willoughby, Trans.). Oxford: Clarendon Press.

Smeryers, P., Smith, R., Standish, P. (2007). *The therapy of education: Philosophy, happiness and personal growth*. Basingstoke: Palgrave Macmillan.

Spencer, H. (1966). *Herbert Spencer on education*. Edited by A. M. Kazamias. New York: Teachers College Press

Standish, P. (2005). Towards an economy of higher education. *Critical Quarterly, 47*(1-2), 53-71.

Standish, P. (2006). Uncommon schools: Stanley Cavell and the teaching of Walden. *Studies in Philosophy of Education*, 25(1-2), 145-157

Thoreau, H. D. (2013). *Walden and civil disobedience*. Atlanta, GA: Empire Books. (Original work published in 1854)

Todd, S. (2014). A subtle pedagogy: A response to Megan Laverty. *Ethics and Education, 9*(1), 54-57.

Townsend, D, (1997). *An introduction to aesthetics*. Oxford: Blackwell.

Warnock, M. (1976). Imagnition. Berkeley: University of Califonia.

Weisbuch, R. (1987). Thoreau's dawn and the lake school's night. In H. Bloom (Ed.), *Henry David Thoreau: Modern critical view*. New York, NY: Chelsea House.

Whitehead, A. N. (1967). *The aims of education and other essays*. New

York, NY: TheFree Press.

Wordsworth, W. (1807). *Poems in two volumes, volume 1*. Retrieve from http://www.gutenberg.org/cache/epub/8774/pg8774.html

Zembylas, M. (2007). *Five pedagogies, a thousand possibilities: Struggling for hope and transformation in education*. Rotterdam: Sense Publishers.

索　引

二十三劃以上

我們的粉絲專頁終於成立囉！

2015年5月，我們新成立了【五南圖書 教育/傳播網】粉絲專頁，期待您按讚加入，成為我們的一分子。

在粉絲專頁這裡，我們提供新書出書資訊，以及出版消息。您可閱讀、可訂購、可留言。有什麼意見，均可留言讓我們知道。提升效率、提升服務，與讀者多些互動，相信是我們出版業努力的方向。當然我們也會提供不定時的小驚喜或書籍折扣給您。

期待更好，有您的加入，我們會更加努力。

五南圖書出版股份有限公司
WU-NAN BOOK COMPANY LTD.

【五南圖書 教育/傳播網】臉書粉絲專頁

五南文化事業機構其他相關粉絲專頁，依您所需要的需求也可以加入呦！

五南圖書 法律/政治/公共行政

五南財經異想世界

五南圖書中等教育處編輯室

五南圖書 史哲/藝術/社會類

台灣書房

富野由悠季《影像的原則》台灣版　10月上市！！

魔法青春旅程－4到9年級學生性教育的第一本書

五南文化廣場 橫跨各領域的專業性、學術性書籍
在這裡必能滿足您的絕佳選擇！

五南全國展售門市

【逢甲店】

【台大店】

【嶺東書坊】

【海洋書坊】

【環球書坊】

【台中總店】

【高雄店】

【屏東店】

海洋書坊：202 基 隆 市 北 寧 路 2號 TEL：02-24636590　FAX：02-24636591
台 大 店：100 台北市羅斯福路四段160號 TEL：02-23683380　FAX：02-23683381
逢 甲 店：407 台中市河南路二段240號 TEL：04-27055800　FAX：04-27055801
台中總店：400 台 中 市 中 山 路 6號 TEL：04-22260330　FAX：04-22258234
嶺東書坊：408 台中市南屯區嶺東路1號 TEL：04-23853672　FAX：04-23853719
環球書坊：640 雲林縣斗六市嘉東里鎮南路1221號 TEL：05-5348939　FAX：05-5348940
高 雄 店：800 高 雄 市 中 山 一 路 290號 TEL：07-2351960　FAX：07-2351963
屏 東 店：900 屏 東 市 中 山 路 46-2號 TEL：08-7324020　FAX：08-7327357
中信圖書團購部：400 台 中 市 中 山 路 6號 TEL：04-22260339　FAX：04-22258234
政府出版品總經銷：400 台 中 市 軍 福 七 路 600號 TEL：04-24378010　FAX：04-24377010
網 路 書 店　http://www.wunanbooks.com.tw

專業法商理工圖書·各類圖書·考試用書·雜誌·文具·禮品·大陸簡體書
政府出版品總經銷·中信圖書館採購編目·教科書代辦業務

國家圖書館出版品預行編目資料

教育哲學：一個美學提案／林逢祺著. -- 初
版. -- 臺北市：五南圖書出版股份有限公
司, 2015.09
　　面；　公分.--

ISBN 978-957-11-8192-9（平裝）

1.教育哲學

520.11　　　　　　　　104011571

1IYX

教育哲學：一個美學提案

作　　　者 ― 林逢祺（139.1）

發 行 人 ― 楊榮川

總 經 理 ― 楊士清

總 編 輯 ― 楊秀麗

副總編輯 ― 黃文瓊

責任編輯 ― 李敏華

封面設計 ― 童安安

出 版 者 ― 五南圖書出版股份有限公司

地　　　址：106台北市大安區和平東路二段339號4樓

電　　　話：(02)2705-5066　　傳　　真：(02)2706-6100

網　　　址：https://www.wunan.com.tw

電子郵件：wunan@wunan.com.tw

劃撥帳號：01068953

戶　　　名：五南圖書出版股份有限公司

法律顧問　林勝安律師事務所　林勝安律師

出版日期　2015年 9 月初版一刷
　　　　　2021年10月初版二刷

定　　　價　新臺幣380元

經典永恆·名著常在

五十週年的獻禮──經典名著文庫

五南，五十年了，半個世紀，人生旅程的一大半，走過來了。

思索著，邁向百年的未來歷程，能為知識界、文化學術界作些什麼？

在速食文化的生態下，有什麼值得讓人雋永品味的？

歷代經典·當今名著，經過時間的洗禮，千錘百鍊，流傳至今，光芒耀人；

不僅使我們能領悟前人的智慧，同時也增深加廣我們思考的深度與視野。

我們決心投入巨資，有計畫的系統梳選，成立「經典名著文庫」，

希望收入古今中外思想性的、充滿睿智與獨見的經典、名著。

這是一項理想性的、永續性的巨大出版工程。

不在意讀者的眾寡，只考慮它的學術價值，力求完整展現先哲思想的軌跡；

為知識界開啟一片智慧之窗，營造一座百花綻放的世界文明公園，

任君遨遊、取菁吸蜜、嘉惠學子！